나이들수록
매달려야 하는 것들

오십, 운동에서 깨달은 삶의 지혜

나이들수록
매달려야 하는 것들

김희재 지음

매일경제신문사

비워내자 더 채워지는 삶

창밖으로 흐르는 구름을 본다. 젊은 날에는 구름 위로 올라가고 싶었는데, 이제는 구름 그림자가 드리운 땅이 좋다. 그곳에서 사물이 더 선명하게 보이니까.

이제 오십 다섯, 시간은 내게 깊이를 가르쳤다. '빠르게'가 아닌 '정확하게', '높이'가 아닌 '단단하게', '화려하게'가 아닌 '진실하게' 살아가라는 철학을 줬다. "아직도 한참 남았다"며 스스로를 다그치던 시절이 있었다. 이제는 안다, 지금 이 순간이 영원한 시작이라는 것을. 매일 아침 거울을 보며 시간이 새겨준 흔적들과 마주한다. 깊어진 눈매와 단단해진 마음 그리고 더 맑아진 시선. 젊음이 선물한 열정은 옅어지고 시간이 준 지혜가 찾아왔다. 이제는 말할 수 있다. "기다림도 한 걸음이더라."

나는 매일 아침 어김없이 거꾸로 서고, 철봉에 매달린다. 눈이 오나, 비가 오나, 한숨도 자지 못 했거나, 몸살에 걸렸거나 상관없이 지켜내는 습관이다. 누군가는 내게 묻는다.

"어떻게 매일 하나요?", "비결이 뭔가요?"

비결 따위는 없다. 단지 거울을 보며 매일 약속했다.

"오늘 포기하면 평생의 나는 무너진다."

나는 나의 한계를 뛰어넘는 일을 수없이 경험했지만, 결코 쉬운 일이 아니었다. 10년이 가까운 세월 속에서 하루 5~6시간, 주 6일 신체수련을 했다. 코로나로 인해 2주간 아무것도 하지 못한 기간을 제외하고는 단 하루도 수련을 쉰 적이 없다. 매일매일 수련을 통해 내 한계를 넘는 것은 나만의 외로움 싸움이다. 하지만 너무도 값진 싸움이다. 내 자신조차 불가능에 가깝다고 여겨지는 목표를 향해 가며 겪었던 수많은 실패를 통해 비로소 진짜 '나'를 알게 되었기 때문이다. 진정한 '나' 자신을 알고 싶다면 어렵고 불편한 상황에 스스로를 놓아보자. 내가 아는 한 이보다 더 좋은 방법은 없다. 가장 힘들 때 그 사람의 진가가 보인다. 포기하지 않고 끝까지 싸워 쟁취하는 근성이 있는지 없는지, 빈번히 찾아오는 유혹과 타협하지 않고 슬기롭게 대처할 수 있는지 없는지, 자기 합리화의 늪에 빠진 내 자신을 냉정하게 평가할 수 있는지 없는지, 나의 신념이 틀릴 수 있다는 유연한 사고가 있는지 없는지, 시련에 대처할 결단력이 있는지 없는지.

하지만 가장 중요한 것은 따로 있다. 목표를 달성하기 위해 희생하고 버려야 할 것들을 '과감하게 정리할 수 있어야 한다'는 것이다. 아무리 뛰어난 능력들이 있다고 해도 무언가를 얻기 위해 가진 것을 버릴 수 없다면 언젠가는 무너진다. 사람은 각자의 장점과 단점 속에서 유한한 인내력과 수용력을 가지고 있다. 아무리 잘 대비했다 할지라도 그 인내력과 수용력을 초과하면 아주 쉽게 그리고 허무하게 무너지는 모습들을 자주 보았다. 그래서 '채우기'만큼 중요한 것이 '비우기'라고 나는 생각한다. 비우고 채우기. 이것을 반복하는 것이 배움의 과정에서 필연적으로 나타난다. 배우면서 지속적으로 성장하기 위해서는 비우는 과정이 반드시 필요하다.

40대 중반에 안정된 직장을 손에 쥐고 놓지 않았더라면 지금의 나는 없을 것이다. 내 삶에서 회사생활을 비워내자 신체수련이라는 새로운 삶이 본격적으로 시작된 것이다. 회사 임원으로 수많은 직원들을 관리하던 과거를 비워내자, 함께 운동하는 수련생들이 수년 동안 내 주위를 채우게 된 것이다.

55세가 된 지금 나는 건장한 20대도 해내지 못하는 신체 능력을 지니게 되었다. 힘이면 힘, 유연함이면 유연함, 민첩함이면 민첩함 그리고 무엇보다 운동신경이 탁월하게 좋아졌다. 새로운 스포츠를 배울 때면 남달리 빠르게 습득하고 급성장하는 것을 경험한다. 주짓수를 배울 때도 그리고 테니스를 배울 때도 내 오랜 수련의 덕을 톡톡히 보았다. 나이가 들수록 몸이 둔해지는 것은 당연한 일인데, 새로운 영역에서 움직임에 대한 습득력이 오히려 좋아지는 경험을 하게 되었다. 나이가 들어도 신체적 능력을 키울 수 있다는 경험을 많은 사람들과 나누고 싶다는 생각에 강의도 늘리고 책도 쓰게 되었다. 늙었다고 생각하거나 나이들었다고 포기하고 있는 사람들이 자신의 한계를 뛰어넘고 무한한 가능성을 찾기를 바란다. 내가 배우고, 그 배움을 통해 얻은 것들을 전파할 때 애용했던 문구가 있다.

"바르게 배우고, 무엇이든 의문을 갖고, 깊게 고민하고, 항상 옳고 그름을 가리고, 끊임없이 실행하라."

나는 매일 새로운 도전을 이어가고 있다. 젊은이들도 쉽게 해내기 어려운 고난도 신체 동작들을 하나둘 정복해가는 과정은, 나이가 들어감에 따라 잃어간다고 생각했던 것들이 사실은 우리 안에 그대로 있다는 것을 깨닫게 해줬다.

이 책은 나이 듦에 대한 두려움을 안고 살아가는 이들에게 전하는 메시지다. 우리는 흔히 나이를 핑계로 도전을 미루고, 변화를 거부한다. 하지만 진정한 노화는 몸이 아닌 마음에서 시작된다. 도전을 멈추는 순간, 우리는 비로소 늙기 시작하는 것이다.

　나는 이 책을 통해 나이 듦이 결코 끝이 아닌 새로운 시작이 될 수 있다는 것을 보여주고 싶다. 매일 아침 해가 뜨는 것처럼 우리에게는 매일 새로운 시작의 기회가 주어진다. 중요한 것은 그 기회를 어떻게 바라보고, 어떻게 활용하느냐다.

　당신의 나이가 몇 살이든, 지금 이 순간이 바로 새로운 시작의 때다. 함께 이 여정을 시작해보지 않겠는가?

일러두기

본문의 사진은 저자가 찍었습니다.

저자의 말투와 화법을 살리기 위해 노력했습니다.

놓아주기

내려놓아야 잡을 수 있는 것들

나는 외국계 기업 임원이었다

불과 몇 년 전까지 나는 외국계 기업 상무로 회사의 영업을 총괄
했다.

예전 같지는 않지만 영업에 술과 회식은 빠지지 않았고, 나 '개인
의 삶'보다 조직의 성과를 위해 쉼 없이 달려야 했다.

그렇게 지내던 내가 지금처럼 몸과 마음의 건강을 지키며 살기
로 마음먹은 이유가 있다.

그저 나이드는 나 자신을 '내'가 '능동적이고 주체적으로' 책임지
고 싶다는 생각 때문이다.

그 하나에서 시작됐다.

많은 이들이 '나는 30대인데', '40대인데', '50대인데'라고 고민하
고 주저한다.

우리, 주저하지 말자.

'내가 과거에 어땠는데'라는 생각.

그 생각에 사로잡히면 늪에 빠지게 된다.

작은 일이든, 큰 일이든 자신의 건강과 성장을 위해 보람되는 무
언가를 생각하며 움직이고, 또 움직이자.

우리의 매일은 새롭고 또 어리다.

우리의 나이는 한계가 될 수 없다.

나는 건강한 라이프스타일을 통해 멋지게 나이들고 싶다.

몸과 마음의 건강을 지키는 법을 나누고자 한다.

우리 함께 건강하자!

1   과거 내려놓기

그날 일요일 저녁은 평소와 다름없이 평화로운 시간이었다. 독일계 물류 기업의 영업총괄 책임자로서 바쁜 한 주를 보내고, 다음 주를 준비하는 여유로운 저녁이었다. 아내와 함께 저녁을 준비하고 평온한 시간을 보내고 있었는데 갑자기 전화벨이 울렸다.

"남편이… 오늘 낮에…."

전화 속 사이먼(Simon) 아내의 떨리는 목소리를 듣는 순간, 세상이 멈춘 것만 같았다. 20년지기 친구 사이먼이 갑작스러운 심장마비로 세상을 떠났다는 것이다. 순간 현실을 받아들이기 힘들었다.

나이들수록
매달려야 하는 것들

우리는 외교관 자녀 기숙사에서 대학 생활을 함께한 가장 친한 친구였다. 사이먼은 젊은 나이에 외국계 금융 회사의 임원이 되어 바쁘지만 건강하게 살아가고 있었다. 우리는 종종 만나 서로의 성공을 진심으로 응원하고 격려했다.

당시 나는 독일계 물류회사에서 최연소 상무에 올라 한국 법인 대표로 가기 위한 과정을 밟고 있었고, 사이먼은 유명한 외국계 자산운용사에서 어마어마한 연봉과 성과급을 받던 시기였다. 재테크로 재산도 좀 모았던 사이먼은 부와 명예, 따뜻한 아내, 건강한 두 아들까지 세상에서 부러울 게 없던 친구였다.

우리는 함께 만나면 늘 동기부여를 주고받았다. 정말 순수한 마음으로 서로를 인정하고 앞으로의 더 큰 성공을 응원하는 진정한 친구였다. 그런데 이렇게 서로에게 큰 힘이 돼주던 친구가 갑자기 이 세상에서 사라진 것이다.

전화를 끊고 나서 황급하게 장례식장으로 갈 채비를 했지만 내 정신은 멍했고 평소와 다르게 허둥댈 수밖에 없었다. 다음 날 예정된 중요한 미팅도, 그 다음 주 예정된 해외 출장도 머리에서 잊혀졌다. 더 나아가 몇 년 후 한국 법인의 대표이사가 된다는 사실도 그 순간 이후로 의미가 희미해져 갔다.

그날 저녁 장례식장에서 사이먼의 아내와 아이들을 보았을 때 슬픔에 찬 그들을 보며 나는 더 큰 무력감을 느꼈다. 내가 할 수 있는 것이라곤 그저 말 없이 안아주는 것뿐이었다. 그리고 어려서부터 뵙고 지냈던 친구의 부모님께는 왠지 모르게 한없이 죄송스러운 마음이 흘러 넘쳤지만, 어떻게 위로해드려야 할지 잘 몰랐다.

장례식이 끝나고 일상으로 돌아왔지만, 나의 마음속에는 큰 구멍이 생긴 것 같았다. 매일 밤 잠들기 전까지 얼마 전 사이먼과 나누었던 대화를 떠올리며 죄책감에 빠져들었다. 몇 주 전 이른 저녁시간, 사이먼이 갑자기 전화를 걸어와 술 한잔 하자고 했던 일이 있었다. 간절함이 섞인 그의 목소리는 몹시 스트레스를 받은 상태 같았다.

그 시절, 사이먼이나 나나 항상 바쁜 일정에 쫓기며 살고 있었기 때문에 '찐한' 친구의 부탁이지만 선약들을 도저히 취소할 수 없었다. 사이먼에게 미안했지만 만날 수가 없었다. 30분 정도 지났을까, 사이먼이 다시 전화를 걸어와 "나답지 못한 행동이었다"며 "미안하다"고 했다. 나는 "괜찮다"고 대답하고 조금 더 통화했다.

내가 그때 사이먼을 만나서 술이라도 한잔 했으면, 함께 이야기를 나눴으면 무엇인가 달라졌을까? 그래서 친구의 스트레스가 조금이라도 풀렸다면 답답한 가슴도 조금은 숨통이 트였을까? 한동안 이런 물음이 잠자리에 들 때마다 머리를 가득 채웠다.

"이제 괜찮아. 다음에 보자. 희재야."

마지막 통화 속 친구의 말이 계속 내 일상에서 맴돌았다. 평소 같지 않은 친구의 행동을 나는 왜 대수롭지 않게 생각했을까. 내게 도움을 구한 친구의 손을 나는 왜 못 알아본 것일까. 이런 생각들이 이후로 오래도록 나를 압박했다.

장례식에서 돌아온 다음 날 나는 온종일 사이먼과의 추억 속에 빠져들었다. 사회초년생 시절, 둘 다 외국에서 초중고를 다녔던 터라 한국의 문화나 관습을 잘 몰랐다. 우리는 한 선배에게 "한국에서 성공하려면 소주부터 배워야 한다"는 말을 듣고는 밤늦게 몰래 기숙사를 빠져나와 역삼사거리에 있는 포장마차에서 쓰디쓴 소주와 닭똥집을 먹으며 억지로 술을 배웠다. 어쩌다 사이먼의 자취방에 한번 놀러 가면 거기서 며칠이 지나도록 출퇴근하며 방에서 라면에 소주만 마셔도 좋았던 낭만이 있었다. 내가 가장 어려웠던 시기, 힘들고 방황했던 시기에 사이먼이 자기 방에 나를 재워주고 위로해 주던 기억들이 울컥 쏟아져나와 내 침대를 적셨다.

그렇게 추억의 조각들을 맞추며 지내던 나는 죽음과 삶에 관해 아내와 매일 대화하게 됐다. 그리고 깨닫게 됐다. 내가 그동안 회사와 일에만 매몰되어 정작 중요한 것들을 놓치고 있었다는 것을 말이다.

가족, 친구 그리고 나 자신의 건강과 행복.

이 깨달음을 계기로 나는 큰 결심을 했다. 더 이상 회사에서의 목표를 위해 나 그리고 소중한 사람의 삶을 희생하지 않기로 한 것이다. '진정 의미 있는 삶은 무엇인가' 질문을 던지며 나의 꿈을 되찾는 데 시간을 보냈다. 회사의 목표 달성, 상사의 업무 지시, 거래처 접대, 직원 회식 같은 것보다는 내 몸과 마음을 더욱 챙겨야 한다는 생각이 들었다. 그리고 얼마 후 회사 임원직을 사직하고 새로운 인생을 살기로 결정했다.

사이먼의 죽음은 나에게 큰 상처였지만, 동시에 새로운 삶의 전환점이 되었다. 이제 나는 매 순간을 소중히 여기며 살아가려 노력하고 있다. 내게 주어진 남은 시간 동안은 건강한 라이프스타일을 통해 멋지게 늙어가는 것, 그것이 바로 사이먼이 마지막으로 남겨준 선물이 아닐까.

　우리는 내일이 보장되는 삶을 살고 있지 않다. 그렇기 때문에 우리의 나이는 결코 한계가 될 수 없다. 지금 이 순간이 가장 소중한 것이다. 지금 이 시간부터 시작하면 된다. 우리의 매일은 새롭고, 언제나 젊다. 작은 변화부터 시작해서 우리의 삶을 더욱 풍요롭고 건강하게 만들어 나가자. 그것이 바로 사랑하는 이들을 위해, 그리고 나 자신을 위해 할 수 있는 가장 큰 선물이다.

털어낼 것은 먼지가 아니다

나이가 들수록 중요한 것은

몸매도 인기도 아니다.

중요한 것은 '털어내기'다.

하루 종일 긴장하는 우리 몸.

몸의 긴장을 털어내야 한다.

불필요한 수많은 고민거리,

불필요한 생각도 털어내자.

진심 없는 관계들도 털어내자.

억지로 용쓰며 붙잡고 힘쓴다고

그걸 보상 받는 인생이 되지 않는다.

털어내고 힘이 빠지면 비로소 정말 중요한 것이 보인다.

그 중요한 것들을 지키기 위해

더 털어내고 비워야 한다.

하루 10분 동안 몸을 털어내보자.

이 시간 동안 많은 것이 털려나간다.

그리고 고요해질 것이다.

2   긴장 내려놓기

아침에 찌뿌둥함을 느끼지 않고 일어나는 사람은 아마 거의 없을 것이다. 바쁜 일상을 보내는 성인이라면 누구나 몸이 뻐근하거나 근육이 뭉치는 경험을 종종 겪는다. 뻣뻣하게 굳은 몸을 풀려고 물리치료나 마사지를 받게 되면 뭉친 근육을 푸는 과정이 보통 고통스럽고 아픈 게 아니다. "자는 동안 온몸의 뭉친 근육을 누가 야들야들하게 풀어주면 얼마나 좋을까?" 이런 생각을 나만 하는 것은 아닐 것이다.

나는 마흔에 접어들며 웨이트 트레이닝과 더불어 스트레칭을 병행하는 노력을 했다. 규칙적인 운동을 통해 땀을 흘리고 스트레스를 해소하며 건강을 유지하고 있다고 생각했다. 거울에 비친 내 모습은 건강해 보였다. 하지만 실제로는 고관절과 허리가 늘 뻐근하고 승모근은 딱딱하게 굳어 있었다. 몸이 굳고 뭉치면 쉽게 풀리지 않았고, 이를 스스로 푸는 데에는 한계가 있었다. 누가 대신 풀어준다 해도 고통스러움을 견디기 싫어서 슬쩍 피하게 되었다. 특히, 업무상 중요한 프로젝트를 준비하거나 복잡한 일들로 머리가 어지러워 잠을 설치면 그 정도가 더욱 심했다.

회사생활을 하면서 넘기 힘든 고비들과 불가능해 보이는 도전들이 끊임없이 찾아왔다. 하지만 그럴 때일수록 불필요한 걱정과 우려에 빠지기보다는 문제의 본질에 초점을 두고 최선을 다할 때 좋은 결과를 얻어왔던 기억이 있다. 회사에서 조직개편안이 이뤄질 경우, 어느 팀이 흡수 통합돼 해당 팀장의 자리가 없어지는 것은 물론 해당 팀원들이 여러 명 퇴사할지 모를 때에도, 나는 항상 소신을 지키며 행동에 옮겼다. 그래서 사람들에게 늘 냉정하다는 소리를 들었지만 후회는 없다. 무엇이 본질인지 더 고민했기 때문이다.

스트레스를 온몸으로 받아가며 전전긍긍해봐야 돌아오는 것은 더 큰 고민의 덩어리일 뿐이다. 사소한 의사결정에도 담대하게 결단을 내리지 못하는 부서장들을 수없이 봐왔다. 문제의 본질에 초점을 두고 노력해야 문제가 해결되거나, 아니면 최소한 문제를 공론화시켜야 개인의 고민거리에서 벗어나 공동의 숙제가 되어 좀 더 좋은 해법을 찾을 수 있었을 것이다. 나는 그런 상황을 지켜볼 때마다 마음이 답답했다. 작은 고민에 집착하고 내려놓지 못하면 문제의 본질을 알아보기 힘들다. 이것이 내가 회사생활을 하며 얻은 지혜였지만, 퇴사 후 내가 정작 새로운 환경에 놓이게 되니 다시 헤매게 되고 다시 배워야하는 상황에 놓이게 되었다.

친구를 잃고 다니던 회사를 퇴사한 후 신체 수련에 집중하게 되면서 내가 넘어야 할 고비, 풀어야 할 문제는 참으로 많았다. 마흔 중반까지 오랜 세월 익혀놓은 업무와는 거리가 먼, 몸으로 승부를 봐야 하는 분야로의 전환은 너무도 큰 도전이 아닐 수 없었다. 하지만 이미 결정을 한 이상, 최선을 다해보는 수밖에 다른 방법이 없었다. 나의 신체적 성장을 이끌어내는 과정 속에서 정말 수많은 고비를 만났지만, 다행히도 대부분의 고비들을 잘 넘기고 많은 것들을 성취할 수 있었다.

처음에는 물구나무 1분을 선다는 건 불가능해 보였는데,

금세 눈을 감고도 2분을 서는 게 가능해졌다. 1분 플랭크 자세 버티기로 시작한 것이, 몇 년이 지나 기계 체조 기술의 꽃이라 불리는 플란체(Planche) 자세로 30초가량 버티는 것도 가능해졌다. 처음에는 좋은 자세로 수행하는 팔굽혀펴기(push-up)를 배워야 했지만 나중에는 물구나무서기에서 균형을 잡은 상태에서 푸시업(Handstand Pushup)은 물론, 90도 핸드스탠드 푸시업(90degree handstand push-up)도 할 수 있게 되었다. 그 외에도 스태들러(Stadler)를 연속으로 5개를 해내는 것까지 가능해졌다. 한마디로 맨몸운동 분야에서 상징적인 고난도 동작은 모두 해낼 수 있게 된 것이다. 기계체조 선수출신이 아닌 일반인으로서 이런 동작들을 모두 해낼 수 있는 사람은 전 세계에도 그리 많지 않다. 과장된 말이 아니다. 더더욱 놀랄 만한 사실은 50대 일반인 아저씨 가운데 그러한 신체 능력을 늦은 나이에 키워낸 사람은 눈을 씻고 밤새 SNS를 찾아봐도 전 세계에 나밖에 없다.

- 플란체(Planche) : 엎드린 자세에서 양손을 골반 정도의 위치에 둔 후 하체를 띄워 일직선으로 곧게 펴 수평을 유지하는 동작.

- 90도 핸드스탠드 푸시업(90degree handstand push-up) : 물구나무
  서기에서 몸을 일자로 편 상태를 유지하며 팔을 굽혀 수평으
  로 내려왔다가 다시 물구나무서기 자세로 올라가는 동작.
- 스태들러(Stadler) : 스트래들 서포트(Straddle Support), 즉 다리를
  벌리고 앉아 양손을 다리 사이에 집고 양발과 엉덩이를 들어
  올려 내 체중을 버티는 자세에서 양팔을 편 상태를 유지하며
  몸통과 하체를 들어올려 물구나무서기 자세로 올라갔다가
  다시 시작자세로 내려오는 동작.

이런 나에게도 풀리지 않는 숙제가 있었다. 바로 한 팔 물
구나무서기였다. 이 자세를 연습하던 초창기에는 앉으나 서
나 그 생각만 했었다. 그럴수록 연습은 내 삶에 가장 중요한
지표가 되었고, 자기 전에도 어떻게 해야 돌파구가 생길지 고
민하게 되었다. 걷다가도 한 팔 물구나무서기 생각에 빠지곤
했다. 몰두하는 시간이 길어질수록 내 몸과 마음은 점점 경직
돼 갔다. 작은 일에도 예민해지고, 조금이라도 한 팔 물구나
무서기에 지장이 생길 것 같은 상황에는 과민하게 반응했다.
컨디션이 좋지 않을 때에는 해야 할 다른 일들을 모두 제쳐두
고 한 팔 물구나무서기 연습과 생각에만 할애했다. 이러한 과

정이 거듭될수록 내 몸은 점점 불편해져갔고, 내 마음은 점점 닫혀갔다. 한번 도전한 것을 끝까지 해내고자 하는 의지는 어느새 나에게 독이 되고 있었다. 한 팔 물구나무서기 말고 아무것도 보이지 않았다. 나는 이미 블랙홀에 깊이 빠져있었고 헤어나올 생각조차 하지 못했다. 건강한 몸과 마음을 만들기 위해 시작한 노력이었는데, 그와 정반대의 길을 걷고 있는 내 모습을 종종 보았다. 그렇지만 쉽게 내려놓을 수 없었다. 점점 나 자신은 물론 주변 사람들에게도 좋지 않은 영향을 주고 있다는 것을 눈치챘지만 내려놓을 수 없었다. 나는 스스로에게 되풀이해 질문을 던졌다. 내가 조금 더 젊었더라면 어땠을까? 나를 방해하는 척추측만증이 없었다면 어땠을까? 몸이 불편할 때 하루라도 쉬었어야 했을까? 내가 할 수 있는 것을 모두 시도했을까? 도대체 무엇이 문제였을까?

내가 한 팔 물구나무서기 그 하나에 투자한 시간과 노력은 정말 어마어마했다. 그러나 상황이 개선되기는커녕 악화됐다. 몸의 불편한 증상들은 점점 더 심해졌고, 그러다 더 이상은 안 되겠다는 생각이 들 무렵이었다. 어느 겨울 날, 나는 3년간 주 6회, 1시간 30분씩 투자해오던 한 팔 물구나무서기 연습을 내려놓은 것이다. 내게 있는 모든 것을 쏟아부었기에 내려놓을 때가 된 것을 인정할 수 있었고, 더 붙잡을수록 더 멀어진다는 두려움에 내려놓은 것이다. 그러자 기적처럼 서서히 내 몸과 마음은 여유를 되찾았고 건강한 상태로 되돌아왔다. 내려놓고 거리를 두면 보지 못하던 것이 보이는 것인가? 놀라운 일이 일어났다. 한 팔 물구나무서기를 내려놓은 지 서너 달이 지난 후, 가벼운 마음으로 물구나무서기를 다시 시작하면서 그저 놀이하는 마음으로 시도하자 좋은 느낌이 오면서 서툴지만 되는 것이다. 그제서야 내 몸이 본질에 초점을 두는 것이 가능한 평온한 상태가 된 것이다. 마음을 비우고 경직되지 않은 몸으로 무엇도 바라지 않는 편안한 자세로 다시 시도했기 때문이었다. 그동안 해답을 찾지 못하고 각자 따로 놀던 요소들이 서로 연결되고, 풀리지 않던 실마리들이 풀리며, 서서히 흩어졌던 조각들이 맞춰진 것이다.

삶에서든 수련에서든 나는 최선을 다하며 새로운 것을 배우고 성장하는 노력을 놓지 않을 것이다. 그러나 나의 집착으로부터 노예가 되어 나 자신을 삼키게 만드는 선택은 다시는 하지 않을 것이다. 아마 앞으로도 이러한 유혹에 빠질 일이 다시 나를 찾아올 것이다. 그때가 오면 다시 한번 털어내고 비워내기로 스스로 다짐한다.

몸 털기

몸 털기란 하체의 짧고 빠른 상하 반복 움직임을 통해 생성된 키네틱 에너지를 상체 즉 어깨, 등, 가슴, 팔이 탈탈 털리게 하며 긴장을 풀게 하는 행위이다. 마치 전동마사지 기계가 진동을 만들어내어 주변에 피부 및 근육 조직이 떨리게 하는 것과 유사한 원리이다.

⊶ 몸 털기를 해야 하는 이유

+ 일상 속에서 같은 자세로 많은 시간을 보내는 것은 물론 심한 스트레스로 인해 어깨, 승모, 목 등이 굳는 현상을 많이 경험한다. 이렇게 굳어져 있는 부위에 근육을 이완하는 데 매우 효과적이다.

+ 물론 스트레칭이라는 기법도 있지만, 스트레칭만으로 쉽게 접근되지 않는 부위가 많고, 효과적인 스트레칭을 위해서는 심한 불편함을 동반하기에 피하게 된다.

+ 내 신체에 집중하면서 바디스캔을 함에 따라 내 몸 그리고 몸의 상태에 대한 인지력을 향상시킨다. 인지력의 향상은 내 몸을 더 세밀하게 느끼고 통제하는 데 도움이 되어 운동 능력 개선은 물론, 근육의 긴장과 이완에 대한 제어 능력이 향상된다.

+ 그 외에도 스트레스 및 트라우마 해소 또는 감쇠하는 역할을 하며 집중력 향상에 도움이 된다.

+ 또한 마인드풀니스의 가장 실질적이고 효과적인 입문 게이트이다.

○ 운동 팁

+ 보폭은 어깨 너비로 벌리고, 무릎을 살짝 구부리고 척추는 곧게 핀 상태를 유지하고 편안하게 선다. 이때 양팔은 편하게 아래로 떨어뜨린다.

+ 두 눈을 감고, 내 목, 승모, 어깨, 가슴 등을 천천히 느낌으로 스캔한다.

+ 대충의 스캔이 끝났다면, 무릎을 '굽혔다 폈다'를 빠르게 반복하며 반동을 만들어 내자. 허벅지 근육이 천천히 긴장했다가 이완하게 되면 빠른 움직임이 만들어지지 않기 때문에 몸 털기가 불가능하다. 처음부터 잘 되지 않더라도 꾸준히 하면 감이 잡힐 것이다. 중간에 포기하지 말자.

+ 하체가 짧고 빠른 상하 움직임의 반동을 만들어내고 있다면, 이제부터는 상체에 집중하자. 이때 눈을 감고 집중해야 효과적이다. 상체는 하체에 움직임에 따라 강제적으로 털기를 당하고 있기 때문에 상체에 붙어 있는 근육과 피부를 느끼는 것이 용이해진다.

+ 상체에 여러 부위 중 가장 먼저 승모와 등에 초점을 맞추자. 그리고 서서히 어깨, 가슴, 팔로 뻗어가며 집중을 유지한다. 상체의 털림으로 인해 근골격에 붙어 있는 근육과 피부가 움직이고 있는 상태를 활용하여 뭉쳐 있거나, 불편하거나, 통증이 있는 부분들을 하나하나 찾아서 느끼도록 하자. 그리고 집중하여 해당 부위를 이완하도록 하자.

+ 몸 털기는 최소한 15분 동안 진행한다. 처음에는 힘들 수 있다. 리듬 있게 반동하는 것이 잘 되지 않아 다리가 힘들 것이다. 하지만 포기하지 않고 해야 리듬감을 찾아 보다 수월하게 상체를 터는 것에 집중할 수 있다.

+ 15분 동안의 털림이 끝나면 눈을 감은 상태를 유지하고 가만히 서서 내 몸을 느껴보자. 피부가 흘러내려가는 듯한 감각을 듬뿍 받아들이며 더욱 힘을 빼는 데 집중하자. 이때 절대 움직이지 말자. 그 상태로 편한 호흡을 하며 2~5분 정도 명상에 빠져들어 보자.

+ 하체의 반동이 익숙해지면 시간을 더욱 늘려보자. 매번은 아니어도 근심 걱정이

많고 스트레스를 많이 받은 경우, 또는 시간 여유가 있는 주말이면 가끔은 30분, 또는 40분, 심지어 1시간도 시도해보자. 놀라운 경험을 할 것이다.

몸 털기
*다음의 QR코드를 접속하시면 운동 지도 영상을 볼 수 있습니다.

나이만큼 도전이 늘었는가

나이 핑계 대지 말자.

나이 탓하기 정말 쉽다.

30대라서 못 하겠고

40대라서 못 하겠고

50대, 60대라고 나이 탓하면 뭐든지 피하고 도망가기 쉽다.

그렇게 보내기엔 인생은 짧다.

짧은 인생 길게 즐기려면 죽을 때까지 도전해야 한다.

칸트도 74세에 《인간학》을 썼다.

미켈란젤로도 87세에 〈천지창조〉를 완성했다.

도전하는 사람에게 나이는 문제가 아닌 선물이다.

나이만큼 도전도 늘어나니 얼마나 멋진 선물인가.

나이 탓하지 말자.

늦었다고 핑계 대지 말자.

매일매일 도전하자.

나이드는 것을 두려워하지 말자.

나이 구애받지 말자.

나이 핑계로 숨지 말자.

나이가 드는 것은 자연스럽고 멋진 일이다.

한 번 사는 인생이다.

후회 없이 오늘을 살아가자.

3   나이 핑계 내려놓기

아버지는 1940년 영덕 어촌 마을에서 태어나셨다. 공부를 매우 잘하셨지만, 일반대학에 가는 것은 상상하기 어려운 환경이었기에 육군사관학교를 선택하셨다. 등록금 걱정도 없이 의식주가 해결되는 것은 물론이고, 무엇보다 월급이 나오는 것이 절대적으로 큰 이유였다. 오랜 조직 생활을 무사히 이어가신 후 은퇴하셨다.

최근에 아버지는 85번째 생신을 맞으셨다. 그래서 나는 소박한 선물을 준비해드렸다. 바로 아이패드용 펜슬이었다. 얼마 전에 아버지와 통화하다가 그림용 펜슬이 마음에 들지 않는다고 하신 말씀이 기억났기 때문이다.

나이들수록
매달려야 하는 것들

아버지는 2년 전부터 태블릿을 이용해 그림을 그리기 시작하셨다. 관찰력, 상상력, 기억력, 손가락을 사용하는 감각 등 다양한 능력을 향상시키기 위해서라고 말씀하셨다. 아버지는 내게 매일 아침, 전날 그린 그림과 함께 짧지만 깊이 있는 글을 보내주신다. 바쁜 일이 없으면 매일 하시는 아침 인사다. 사람마다 노년의 시간을 보내는 방법은 여러 가지가 있을 것이다. 하지만 80대에 최신 IT기기를 이용해 그림을 그리는 것은 특유의 도전 정신과 유연한 사고 없이는 시작하기 어려운 일이다. 보통 그 연세에 익숙한 연필이나 붓을 사용할 수도 있었겠지만, 아버지는 과감히 터치펜을 선택하셨다. 이는 단순한 선택이나 독특한 취향이 아니라, 새로운 기술을 배우고자 하는 의지와 도전 정신의 표현이었다.

약 15년 전에 아버지는 애플의 첫 스마트폰에 매료되셨다. 스마트폰을 구입하자마자 기능을 완벽하게 익히고 주변 사람들에게 그 편리함과 다양한 기능을 설명하며 권유하셨다. 가족들은 아버지를 아이폰 홍보대사로 추천해야겠다고 농담을 했다. 아버지는 나도 모르는 신기한 기능을 먼저 찾아내셨고, 스마트폰에 문제가 생기면 아버지가 해결해주시는 경우도 있었다. 보통의 어르신과 장성한 아들 사이의 역

할이 뒤바뀐 것이다.

그 후로 아버지는 스마트폰을 이용한 영상 제작을 배우셨다. 당시에는 요즘처럼 쉽게 영상을 제작하는 어플이 없었기에 보통은 그런 엄두를 내지 못했다. 그러나 아버지는 독학으로 수준급의 영상을 만드시는가 하면, 나중에는 학원에도 등록해 더욱 전문적으로 배우셨다. 내가 퇴직 후 가족과 해외여행을 갔을 때, 아버지는 그 여행의 사진과 영상을 편집해 가족여행 앨범을 만들어주셨다. 젊은 시절, 잦은 지방 근무와 해외출장으로 지치셨던 아버지는 노년에 접어들어서는 해외여행을 그다지 좋아하지 않으신다. 하지만 여행 영상을 브이로그(Vlog)처럼 제작해서 주변 분들에게 자랑하는 것에 큰 재미를 느끼시곤 종종 어머니와 여행을 가시게 됐다.

이 정도로 능동적인 아버지의 사고방식과 실천력은 은퇴 후에 갑자기 생겨난 것이 아니라 아버지가 젊을 때부터 사회생활을 하며 끊임없이 노력하신 습관이라고 생각한다. 아버지는 영상 제작에 몰두하시기 전에는 영문 원서를 직접 번역하신 일도 있었다. 혼자 보기 아까운 소중한 책 네 권을 번역해서 지인들에게 공유하고 책에 담긴 메시지를 북클럽에서 토론하기도 하셨다. 번역이 처음이셨지만 주변 사람들에게 의미 있는 선물을 하고 싶은 아버지의 마음이 느껴지는 일이었다. 이렇게 아버지는 나이가 들어도 무엇이든 도전하려는 열정이 가득하시다.

우리는 흔히 30대, 40대, 50대를 지나며 회사나 사회라는 틀 안에서 내세우고 싶은 무언가를 만들기 위해 노력한다. 하지만 자기만족적인 자세에 그치지 않고 어떻게 더 가치 있고 의미 있는 삶을 살 수 있을지에 대한 고민과 실천이 필요하다. 남들처럼 성취했다 하더라도, 은퇴 후에는 무엇을 해야 할지 알기 어렵다. 오랜 세월 동안 그러한 삶을 살지 않았기 때문이다. 특히 회사라는 조직에 속했던 사람이라면 더욱 이에 대한 고민이 클 것이다.

"죽을 때까지 우리는 우리 자신을 재발명해야 한다"는 말이 있다. 죽을 때까지? 은퇴했는데? 아직 끝난 게 아니라고? 더 나아가야 한다고? 답은 '그렇다'이다. 흔히 우리는 타고 있는 말에 초점을 둔다. 먼 여정에서 타고 있던 말이 힘이 다할 때면 과감히 갈아타야 한다. 여정이 우선이다. 말에 대한 애착과 미련으로 망설이면 안 된다. 은퇴했다고 해서 끝난 것이 아닌 것이다. 여생을 허망하게 보내지 않으려면 조금이라도 젊었을 때부터 훈련해야 한다. 지금 이 순간부터 시작해야 한다. 나는 우리 아버지가 자수성가한 백만장자보다 더 자랑스럽다. 내가 받은 유산은 그 어떤 금전보다 값지다. 세상을 바라보고 대하는 태도는 아버지께 받은 가장 큰 유산이다. 아버지께 진심으로 감사드린다.

인생에서 필요한 용기

인생은 용기의 연속이다.
의미 있는 삶을 위해서는 세 가지 용기가 필요하다.

첫째, 선택할 용기. 두려움을 극복하고 자신이 진정 원하는 것을 선택하는 것.
우리는 매일 크고 작은 선택을 한다. 새로운 직장을 찾을지, 현재의 관계를 지속할지, 또는 자신의 꿈을 좋을지.
선택의 순간은 두렵기 마련이다. 용기를 내자. 내가 원하는 것을 위해.
모든 선택은 성장의 기회다.
둘째, 시작할 용기. 결정한 것을 실천하는 첫 걸음을 내딛는 것.
운동을 시작하는 첫날의 고통, 새로운 프로젝트의 첫 단계에서의 막막함, 처음 만나는 사람과의 어색함. 첫 시작은 늘 어렵다.
용기를 낸 작은 시작이 큰 변화를 만든다.
셋째, 끊어내는 용기. 나쁜 습관이나 해로운 관계를 과감히 정리하는 것.

부정적인 생각처럼 이미 우리를 차지하고 있는 것들을 제거하지 못하면 새로운 것들이 자리잡을 공간이 없다. 익숙한 것을 끊어내는 것은 고통스러운 일이다.

그러나 새로운 시작을 위해 필요한 과정이다.

이 모든 과정에서 가장 중요한 것은 나 자신을 믿는 것이다.

우리는 종종 자신을 의심하고, 실패를 두려워한다. 그러나 자신을 믿는 것이 용기의 원천이다. 자기 자신을 믿지 못하면, 어떤 선택도 어떤 시작도 어떤 끊어내기도 완전할 수 없다. 자신을 믿고 자신의 능력을 신뢰하며 자신이 가치 있는 존재임을 깨달을 때, 우리는 진정으로 용기를 발휘할 수 있다.

더 나은 자신을 만들어 나가자.

인생에서 가장 큰 용기가 필요했던 순간은 내 죽마고우의 갑작스러운 죽음 이후, 어렵게 올라간 영업총괄 임원 자리를 내놓고 회사를 퇴직하기로 결정했을 때였다. 대학을 갓 졸업한 나는 젊은 패기와 호기심으로 대기업에 입사했다. 그 후 10년을 다니며 조직의 중요한 일원으로 자리잡았지만, 그 회사와 작별을 고했다. 그 당시 퇴직을 결심했을 때 많은 고민이 있었지만, 지금 생각해보면 그 결정이 제법 작게 느껴지고, 당시의 불안감은 이제 그저 청춘의 작은 기억 정도로만 남아 있다. 그러나 임원을 그만두기로 한 결정은 당시 내게 완전히 다른 차원의 어려움을 안겨주었다.

첫 직장을 그만두고 새롭게 도전했던 사업이 실패하는 커다란 시련을 겪고 난 뒤, 노력과 행운이 맞아떨어져 찾아온 기회는 마치 구원의 손길처럼 느껴졌다. 새로운 회사에서 내가 쏟은 열정과 수많은 밤을 지새우며 고민한 결과를 떠올리면, 그 모든 것을 포기하는 게 너무도 아깝다는 생각이 들었다. 나는 조직개편안을 제안하고 회사의 영업조직을 손수 만들어내는 과정에서, 협력 부서와 끊임없이 협상하며 조직을 재편성했다. 나의 비전을 바탕으로 채용하고 키워낸 팀장들, 그리고 이들이 만들어내고 있고 또 앞으로 만들어낼 성공담들에 대한 생각은 내가 사직하는 결정을 머뭇거리게 했다. 내가 손수 구축한 조직과 그 구성원들을 남에게 넘겨야 한다는 생각은 내게 큰 내적 갈등을 안겼다. 또한 당시에 나는 한국지사 대표이사 후임자 교육을 받으며, 큰 이변만 없다면 미래의 어느 시점에는 사장 자리까지 오를 예정이었다.

하지만 이런 전통적인 경로가 내 인생의 목표가 아니라는 것을 분명히 알고 있었다. 내 삶의 가치가 단순히 사회적 지위나 직책에서 결정되지 않는다는 것을 깨닫고 있었고, 매 순간이 얼마나 소중한지 절감했다. 특히, 내가 사랑하는 이가 나를 가장 필요로 할 때 곁에 있어줄 수 없다는 것은 그 어떤 것으로도 보상할 수 없는 잘못이라는 걸 깨달았다.

모든 일에는 적절한 시기가 존재한다. 시기를 놓치면 예상보다 더 큰 어려움이 따르거나, 아무리 노력해도 원하는 결과를 얻기 어려운 경우가 많다. 적절한 시점을 놓치면, 그에 따른 기회를 다시 얻기는 쉽지 않다. 이 깨달음은 결국 내 인생의 중요한 결정에 영향을 줬다. 그래서 나는 기존의 궤도를 벗어나 전혀 새로운 길을 개척하기로 결심했다.

그 당시 나는 안정된 상황을 떠나 새로운 도전에 나서는 것을 많이 망설였었다. 안정된 직장과 지위 그리고 잘 짜여진 계획들이 있었지만, 내가 그대로 계속 머물러 있다면 앞으로 더 큰 기회를 놓칠 것이라는 불안감이 더 컸다. 그리고 새로운 도전이 주는 기대감이 나를 크게 동요하게 했다. 기존의 길을 계속 가는 것이 얼마나 편한 일인지, 그 길이 얼마나 익숙하고 안전한지를 잘 알고 있었기에, 새로운 길을 가는 결정은 내게 엄청난 용기와 결단을 요구하는 일이었다. 어쩌면 당연하게도 많은 사람들이 나의 선택을 이해하지 못했고, 심지어 일부는 그 결정을 질책하기도 했다. 그들은 내 결정이 지나치게 위험하고 불필요하다고 생각했고, 모험을 선택하는 것이 무모하다고 말했다. 하지만 나는 그것이 내 삶에 큰 변화를 가져오리라는 확신을 가지고 있었다.

이제 거의 10년이 지난 현재, 나는 그때의 결정이 얼마나 옳았는지를 매일 실감하고 있다. 당시의 결정을 통해 내가 얼마나 많은 것을 배웠고, 그 선택이 내 삶의 방향을 얼마나 크게 바꾸었는지를 깨닫는다. 내가 스스로 일상과 미래를 직접 설계하며 원하는 방향으로 이끌어가는 경험은 그 어느 때보다도 보람차고 의미가 깊다. 이제는 내 삶에서 가장 중요한 것이 무엇인지, 무엇이 나를 행복하게 하는지를 명확히 이해하고 있다. 특히, 사랑하는 이들과 함께하는 시간이야말로 내가 추구하는 삶의 본질이라는 것을 절실히 느끼고 있다. 그들이 필요할 때 곁에 있는 것, 그들과 소중한 순간을 함께하며 지내는 것, 그것이 내 인생에서 가장 중요한 가치라는 것을 알게 되었다. 이 경험을 통해, 나는 무엇이 진정으로 중요한지, 그리고 어떻게 내 삶을 의미 있게 만들어나갈 수 있는지 깨달았다. 이 모든 것은 그 당시의 용기 있는 결정 덕분에 가능했으며, 나는 그 선택이 내 인생에서 가장 중요한 전환점 중 하나였다고 확신하고 있다.

주변에 고위직에서 퇴임한 선배들이 격은 허망함을 목격

한 적이 있다. 높은 지위와 책임을 지니고 있던 이들이 마지막 순간에 겪는 공허함과 실망감은 참으로 큰 충격이다. 인간의 본능적인 착각일까. '나는 예외일 것이다'라는 생각이 그들의 마음속에 깊이 자리잡고 있는 것 같다. 누구나 자신이 특별하다는 믿음은 깊고도 강력하다. 다행히 나는 죽마고우의 갑작스러운 죽음과 그로 인한 후유증을 경험하면서, 스스로의 길을 찾아가야 한다는 강한 용기를 얻게 되었다. 그 친구의 죽음은 나에게 인생의 덧없음과 불확실성을 뼈저리게 느끼게 했고, 동시에 자신만의 길을 가야 한다는 결심을 더욱 확고히 했다. 나에게 인생의 본질과 의미를 깊이 고민하게 만들었고, 어떤 길이 나에게 진정으로 중요한지를 생각하게 만들었다.

그렇게 해서 나는 하고자 하는 일을 선택하고 실행하는 것이 얼마나 중요한지 깨달았다. 그동안의 사회생활에서 쌓인 수많은 인간관계와 사회적 네트워크도 중요한 것이지만, 그중에서 의미 없는 관계는 과감히 정리해야 한다는 것 역시 이해하게 되었다. 30년의 사회생활 동안, 나는 많은 사람들과 만났고, 다양한 인간 관계를 경험했다. 하지만 그 관계 중 일부는 실질적인 의미가 없거나, 내가 성장하는 데 도움이 되지 않는 것들이 대부분이다. 그런 관계들은 에너지를 소모시키거나, 내 삶의 진정한 가치를 흐리게 만든다. 결국, 진정한 인간적 친분은 의미 있는 관계에서만 찾을 수 있었고, 그 외의 관계들은 자연스럽게 끊어졌다. 이 과정을 통해 나는 무엇이 진정으로 중요한지 조금 더 명확히 알게 되었다.

내 인생에서 가장 중요한 것은 내가 누구와 함께하며, 어떤 가치를 추구하는가 하는 것이며, 그것이 내 삶의 진정한 의미를 결정한다. 나는 이제 사회적 지위나 외적인 성공보다 내면적인 만족이 더 중요하다는 것을 안다.

우리는 살면서 장애물을 만난다

신체적 장애물, 심리적인 장애물은 우리를 괴롭힌다.

사회적 제약, 개인적 제약으로 생성된 장애물은

우리의 평온함을 흔든다.

하고자 하는 것과 해야만 하는 것,

시급한 것과 그렇지 않은 것,

이런 것들 사이 균형 잡기는 참 힘들다.

삶이 만드는 잡음, 장애물은 내려놓은 만큼 줄어든다.

내려놓지 못하는 자신이 있을 뿐,

명확한 이유와 근거 없는 미련은 장애물을 무한 생성한다.

확고한 이유가 있다면 결단을 내리고 행동으로 옮기자.

삶에는 적절한 때가 있고, 우리에게 주어진 시간은 유한하다.

자신을 구하는 존재는 바로 '나'

장애물 생성기가 되지 말자.

스스로 자신을 보살피자.

5

장애물 내려놓기

나는 상의를 탈의하고 몸이 보이는 상태에서 운동을 하는 것을 선호한다. 내가 살아가며 내리는 선택들이 적나라하게 드러나는 부분이 몸이라서 나 스스로를 객관화하기에 그보다 좋은 방법은 없다고 생각한다. 인스타그램에서 이 54세 아저씨의 몸을 '완벽하다', '멋지다'며 추켜세워주고 '엄지척'을 날려주는 분들이 계시지만 나는 절대 그렇게 생각해본 적이 없다. 장애물은 죽는 날까지 우리를 따라다닌다고 하지 않는가?

어린 시절 내 인생의 장애물은 척추측만증이었다. 척추가 휘어졌기 때문에 일상생활에서 불편함을 느낄 때가 많았

고, 그로 인해 하루하루가 조금 더 복잡하게 얽히곤 했다. 아침에 침대에서 일어나서 발을 디딜 때, 척추가 비틀린 느낌이 들 때도 많았다. 운동을 할 때도 뜻대로 되지 않으면 척추측만증을 탓하기도 했다. 이런 불평과 불만은 하루의 나머지 시간에도 영향을 미쳤다. 의자에 앉을 때마다 자세를 조정해야 하고, 몇 시간마다 일어나서 뭉친 등을 풀어야 했다. 척추가 불편하니 가만히 앉아 있는 것도 힘들고 한 가지 일에 집중하기도 어려웠다.

가장 큰 도전 중 하나는 병원에 가는 일이었다. 매번 정형외과나 재활의학과를 방문할 때마다, 나는 내 척추측만증에 대해 이야기해야 했다. 엑스레이를 찍고 나서 의사들과 대면하면, 한결같은 그들의 말은 매번 내 마음을 무겁게 했다.

"척추가 휘어져 있네요. 그래서 나머지 신체 부위에도 영향을 미칠 수 있습니다."

똑같은 설명을 들을 때마다, 나는 다시 한번 내 몸이 '완벽하지 않다'는 생각에 빠지게 됐다. 의사들이 설명하는 과정에서, 나는 내가 듣고 싶지 않고 보고 싶지 않은 사실을 마주하는 것이 싫었다. 내가 겪는 불편함을 가족이나 주변 사람들과 이야기할 때마다, 동정 어린 시선이나 조언들이 나를 더 불편하게 만들었다. 척추측만증은 내 일상에서 장애물이었고, 자신감을 갉아먹고 있었다. 그러나 더 이상 이 장애물을 그대로 내버려둘 수가 없었다. 매일매일 그 장애물을 넘기 위해 더 많은 인내와 노력이 필요했고 나만의 해결책을 찾기 위해 조금씩 적응해 나갔다. 내 몸의 불편함에 맞춰 운동의 종류를 선택하는 동시에 튼튼하고 유연한 몸통(코어)을 만들어내면서, 사지에 불균형이 뻗어나가지 않도록 집중해서 운동한다. 길을 걸을 때나 물건을 들 때도 몸의 균형을 잡기 위해 발을 잘 쓰는 것도 잊지 않는다. 척추를 지지하는 운동을 꾸준히 하고 생활 속에서 불편함을 줄이기 위한 방법들을 하나하나 찾다 보니 일상이 점점 더 나아지기 시작했다.

아직까지 완전하게 정복하지는 못했지만 척추측만증이라는 장애물은 이제 내 인생의 일부가 되었다. 이렇게 해서 얻은 작은 성취들이 나를 계속 앞으로 나아가게 한다. 지금도 내 신발은 항상 한쪽 바닥만 닳고, 어쩌다 오래 서 있기라도 하면 한쪽 척추기립근이 극도로 피로해진다. 그러나 장애물에 맞서 싸우는 동안, 나는 신체와 마음이 점점 더 강해지고 유연해지는 것을 느낀다. 이 장애물과의 싸움은 힘들지만 나를 더욱 단단하고 지혜롭게 만들어준다. 이렇게 겪는 작은 도전들은 나를 성장하게 만들며 더 자신감을 준다. 내 안에서 이런 것들이 쌓였기에 남들이 50대에 쉽게 도달하지 못하는 신체적 능력을 발달시킬 수 있었던 것이 아닐까.

지천명은 나를 책임지는 나이다

50세 나이를 지천명이라고 한다.

하늘의 뜻을 깨닫는다는 것인데 오십이 훌쩍 넘은 나는 아직도

서투르다.

새로 맞는 오늘은 언제나

인생에서 처음 맞는 날이기 때문이다.

하지만 분명해진 것은 있다.

내 인생의 책임은 나에게 있다.

이 사실은 온전히 받아들인다는 것.

나 자신에게 더 나은 선택을 주저하지 않는다는 것.

미숙했던 20대, 흔들리던 30대,

그때는 몰랐던, 내 몸에 대한 책임을 느낀다.

잘 움직이고 잘 먹기 그리고 잘 쉬기

세 가지를 책임지고 지킨다.

나이가 들면 약화된다.

스스로 튼튼히 하는 예방이 답이다.

나이가 들수록 내 몸을 돌보는 것을 책임지고 지켜내야 한다.

미숙하고 흔들리던 시절의

내 몸에게 저지른 잘못을 되짚어본다.

잘못을 반복하지 않기 위해 노력하기,

더 나은 나를 만들기 위해 돌보기,

나에게 주어진 선물인 내 몸,

몸에 감사하며 책임지고 지켜내기.

어쩌면 이게 진정한 천명일지도 모른다.

6

내가 20대였을 때 상상했던 50대의 모습은 정말 '어른' 그 자체였다. 나에게 50대는 세상 모든 걸 알고, 완벽하게 통제하며, 흔들림 없는 존재였다. 그리고 그 이미지의 중심에는 아버지가 계셨다. 아버지는 말이 많지 않으셨다. 이른바 '경상도 출신의 남자 어른'을 생각하면 떠오르는 전형적인 어르신이셨다. 육군 장교로 오랜 세월을 보내신 아버지는 언제나 온화하지만 묵직한 표정으로 세상을 바라보셨다. 늘 자신감에 차 있었고 정의로우며 자신의 분야에서 항상 최고가 되기 위해 노력하셨다. 그 당시에는 아버지와 깊이 대화할 기회가 많지 않았지만, 요즘 들어 아버지께서 옛날 이야기를 자주 들려주신 덕분에 아버지의 인생을 더 잘 알게 되었다.

　기억나는 것은 내가 국민학교 2학년 무렵, 아버지의 발령으로 전라남도 광주에 살고 있었던 때였다. 어느 무더운 여름 날, 방과 후에 너무 더워서 친구들과 놀지도 않고 일찍 집으로 돌아왔다. 선풍기를 쐬며 차가운 물을 마시고 싶어 계단을 오르는데, 집 현관 앞에 보자기로 싸맨 사과박스가 놓여 있었다. 당시에 과일을 자주 먹지 못했기에 사과를 발견한 나는 몹시 기뻤다. 군인 월급이 넉넉하지 않았고, 어머니는 매우 알뜰하셨기 때문에 과일은 귀했다. 나는 아무 생각 없이 보자기를 풀어 사과를 먹으려 했지만, 매듭이 너무 단단히 묶여 있어 결국 포기하고 집으로 들어갈 수밖에 없었다. 그런데 나중에 어머니께 이야기를 들어보니, 그 사과박스는 어떤 업자가 아버지에게 뇌물로 보낸 것이었다고 한다. 아버지는 사실을 알고 크게 화를 내시며 업자를 불러 다시 가져가게 하셨다. 당시 아버지가 지휘하던 공병대대는 건설과 토목을 담당하는 부대였기에 이런 일이 종종 발생했지만, 그때마다 아버지는 단호히 거부하셨던 것이다.

　아버지가 군생활을 하셨을 때, 함께 일했던 부하들이 예편 후에도 자주 우리 집을 찾아왔던 기억이 난다. 나는 그 이유가 아버지께서 정의롭고 공평하게 그리고 책임감 있게 부대를 운영하셨기 때문이라고 믿는다. 집으로 찾아오는 부하들의 존경을 담은 모습을 보면 아버지의 리더십이 얼마나 훌륭했는지 느낄 수 있었다. 아버지는 국방무관 자격으로 자이레와 모로코에서 각각 3년씩 근무하셨고, 그후 다시 국방부로 복귀해 대령으로 예편하셨다. 비록 장군이 되시는 못하셨다. 오랜 해외 근무로 본부에서의 근무시간이 적었던 탓이겠지만, 사과박스 하나도 받지 못하는 정직한 성격도 그 이유였으리라.

군 예편 후, 아버지는 군수사업에 뛰어드셨다. 프랑스와 이스라엘에서 첨단 무기를 한국에 들여오는 큰 프로젝트들을 맡으셨다. 규모가 큰 사업이었기에 많은 파트너 회사와 인력이 필요했지만, 아버지는 항상 능력 있는 사람들을 끌어왔고 성공 보수도 후하게 주셨다. 업계에서 주목받을 만큼 큰 프로젝트를 여러 번 성공시켰지만 항상 검소하셨다. 그리고 가족들에게 항상 겸손해야 한다는 것을 강조하셨다. 이렇게 늘 정직하고 정의롭게 나라와 가족을 위해 헌신하신 아버지를 생각하면, 내 나이 오십에 이루어놓은 것이 거의 없다고 느끼며 그저 부끄러워질 뿐이다. 나는 사회생활을 하면서 머리가 크는 것을 느꼈지만, 아직 너무 부족하다는 것을 잘 안다.

"54세가 아니라, 5.4세 같다."

아내에게 자주 듣는 말이다. 남자는 죽을 때까지 '아이 같다'는 말에 나는 적극 동의한다. 하지만, 아이처럼 맑고 호기심 넘치게 살아가는 것과 철없게 사는 것은 분명 다르다는 것도 잘 알고 있다. 85세가 되신 지금의 아버지는 아직도 장난기가 가득하시다. 감히 '귀엽다'라고도 말할 만큼 해맑으시다. 그 모습을 보면, 나 역시 평생 그렇게 아이로 살아가지 않을까 싶다.

욱하는 감정은 10분이면 사그라든다

분노를 다스리면 인생이 바뀐다.

단 한 번의 분노가 인생을 무너뜨린다.

욱하는 성질, 순간적인 짜증이나 신경질, 서운함과 분함.

순간의 감정 폭발로 우리는 소중한 관계를 잃고,

귀한 기회를 놓치며, 평생 후회할 상처를 만든다.

그러나 갑작스러운 분노도 10분만 참으면 사라진다.

마치 폭풍이 지나가기를 기다리듯, 분노가 치밀어 오를 때는

잠시 멈춰야 한다.

그 자리에서 벗어나라.

산책을 하거나 깊게 숨을 쉬어라.

격렬한 운동 후에는 스트레칭으로 긴장을 풀어야 한다.

격렬한 감정이 요동치면 숨을 한 번 크게 쉬면서 마음을 가다

듬고 풀어야 한다.

그리고 10분만 기다려라.

감정은 차분해지고 더 현명한 판단을 내릴 수 있을 것이다.

감정은 칼날과 같다.

잘 다스리면 도구가 되지만, 통제하지 못하면 나를 찌르는 무기가 된다.

인생을 지키는 가장 강력한 방법은 바로 이 순간의 감정을 다스리는 것이다.

10분의 인내가 미래를 바꿀 수 있다.

7

기분 내려놓기

나는 국민학교 5학년부터 7학년까지 가족들과 함께 자이레에서 보냈다. 이후 홀로 미국 미주리주 세인트루이스에서 한 시간 정도 떨어진 멕시코시티(Mexico City) 작은 마을에 있는 유년사관학교에 입학했다. 이 학교는 기숙사 생활을 하는 곳이었고, 학생들은 학교에서 생활하며 공부는 물론 매일 운동과 군사 훈련을 받았다. 매일 아침 6시에 기상해 저녁 10시에 취침하는 매우 규칙적인 하루 일과를 지키는 생활이 이어졌다. 첫 학기 동안에는 낯선 환경에 적응하느라 여러 활동에 참여하며 익숙해지려고 애썼다.

그러던 어느 날, 기숙사 게시판에 퓨실리어(Fusileer) 팀원을 모집한다는 공고를 보게 되었다. 퓨실리어는 총검술을 다루는 우리 학교 대표팀이었다. 평소에 친하게 지내던 선배 생도였던 제프리(Geoffery Jacob Ennis)에게 물어보니, 이 팀은 전국 총검술 대회에 출전할 뿐만 아니라 미식축구 NFL과 주립대학교 농구 경기 하프타임 쇼에도 참여한다고 했다. 나는 여기에 큰 흥미를 느껴 곧바로 지원했다. 이 팀에 합류함으로써 세인트루이스 소재 부시스타디움(Busch Stadium)에서 열린 세인트루이스 카디널즈(St. Louis Cardinals) 당시 프로미식축구팀과 캔자스 시티 치프(Kansas City Chief)의 경기를 현장에서 직접 경험하는 소중한 추억을 쌓게 되었다. 어마어마한 규모의 미식축구 스타디움에서의 경험은 아직까지도 소름이 돋을 정도로 생생하다.

제프리는 미해군 조종사를 아버지로 둔 친구였는데, 이미 퓨실리어 팀에서 2년째 활동 중이었다. 그는 내가 함께하게 된 것을 기뻐하며 빨리 적응할 수 있도록 도와주겠다고 했다. 총검술 팀에 합류한 나는 학교 수업이 끝나는 대로 개인연습에 매진했다. 퓨실리어의 단체 연습은 매일 있는 것이 아니었기 때문이다. 오후 6시 저녁식사 전 90분 정도의 여유 시간이 있었는데, 나는 그 시간에 제프리와 함께 매일 연습

했다. 특히 일요일에는 2~3시간씩 연습에 몰두했다. 단체가 일사불란하게 움직이며 구사하는 기술과 순서에 익숙해질 무렵, 제프리는 졸업한 선배들이 구사했던 고난도 기술들을 가르쳐주기 시작했다. 그도 어려워서 흉내 내지 못하는 기술들이었지만, 구체적으로 묘사해 설명해줬고, 나는 그가 알려준 모든 기술을 열심히 익혔다. 몇 달 후, 나는 그 기술들을 완벽하게 구사할 수 있는 수준에 이르렀다.

드디어 전국 총검술 대회 출전 오디션이 열리는 날이었다. 나는 이미 24인 팀과 9인 팀 종목의 주전 멤버로 뽑힌 상태였고, 오디션은 1인 솔로 종목 출전자를 선발하는 자리였다. 그간 꾸준히 준비한 나는 압도적인 지지를 받으며 최종 선발됐다. 수개월의 노력이 결실을 맺은 것이다. 너무도 기쁜 나머지 나름대로 '애국'하는 것이라고 혼자 생각하며 스스로를 자랑스럽게 생각하고 있었다. 그런데 나에게 큰 불운이 찾아왔다. 대회를 약 2주 앞두고 9인 팀 종목에서 팀원들과 연습하던 중, 한 팀원이 미숙하게 던진 장총이 너무 짧게 날아와 내가 채 받기도 전에 총구가 내 엄지발톱을 찍어버린 것이다. 당시 우리가 사용한 라이플은 모형이 아닌 실제 스프링필드 1903(Springfield 1903) 모델이었는데, 4킬로그램에

달하는 총이 회전하며 날아와 떨어진 충격은 상상을 초월하게 묵직했고 너무나도 아팠다. 순간 세상이 하얗게 번쩍하더니 숨이 막힐 정도의 고통이 밀려왔다. 내 엄지발가락 뼈는 골절됐고, 피멍이 들어 발톱은 시커멓게 변했다. 걸음을 제대로 걸을 수도 없었다. 그때 나는 학교의 유일한 동양인으로 작은 체구를 가지고 조용히 인종차별을 견뎌내며 학교생활을 버텨가고 있었다. 이번 대회에서 좋은 성과를 내면, 나를 무시하던 아이들에게 당당히 인정받을 수 있을 것이라 생각했다. 그런데 어이없는 사고로 그 기대가 날아가버린 것이다. 공교롭게도 총을 던진 팀원 역시 인종차별적인 말을 일삼던 녀석이었다.

몇 개월 전 취침시간에 우리에게 사건이 있었다. 그 녀석의 삼촌이 주한미군 장교였는데, 한국은 '못살고 더러워서' 복무생활이 싫었다는 말로 나를 놀리는 일이 종종 있었다. 그는 평소에도 비슷한 말을 자주 하며 나를 자극했기 때문에 그날 밤은 정말 참을 수가 없었다. 룸메이트였던 녀석에게 욕을 퍼부었는데 2층 침대 위에서 1층에 누워있던 나에게 배게를 던지는 것 아닌가. 나는 곧바로 침대 밑을 발로 찼고 이어서 한밤중의 몸싸움으로 이어졌다. 순간 복도에서는 "There's a fight!(싸움이다!)" 하는 외침과 함께 우리 기숙사 건물 찰리동 (Charlie Company)에는 비상이 걸렸다. 다음 날 우리 둘은 직속 상관에게 불려가 혼났고, 룸메이트는 재배정되었다.

그 사건 후에 나는 차별하던 아이들에게 보란 듯이 총검술을 통해 그들보다 뛰어나다고 증명해보이고 싶었다. 그러던 중 발가락이 부러지는 사고는 정말이지 날벼락이었다. 그동안 피땀 흘린 연습 시간과 노력도 아까웠지만, 무엇보다 절망감이 극심했다. 대회에서 좋은 성적을 내어 분한 마음을 풀고자 했지만, 뜻대로 되지 않았기 때문이다.

정확한 이유는 기억나지 않지만, 나는 단체 연습에 참여할 수 없게 된 후에도 벤치에 앉아 구경하지 않고 1인 솔로 연습을 계속했다. 공식 연습 외에도 개인 연습도 계속 이어갔다. 그 이유는 포기할 수 없다는 불굴의 의지라기보다는 아마도 미련 때문이 아니었을까 싶다. 그런데 어느 날 반가운 소식이 들려왔다. 대회를 포기하고 있던 나를 코치님이 '1인 솔로' 종목 출전자로 등록했다는 것이다. 내가 걸으면서 움직이지는 못하지만, 한자리에서 충분히 내 장기를 발휘할 수 있는 루틴을 해낼 수 있다고 판단해서, 나를 출전시키려고 애썼다고 한다. 한참 동안 학교의 동의를 얻지 못하고 있다가 그의 끈질긴 노력 끝에 마침내 승인을 받아낸 것이었다. 만약 내가 발가락 골절 이후 포기하고 방구석에 들어가 낙담하고 있었더라면 그런 기회는 오지 않았을 것이다.

비록 단체 종목에는 참여할 수 없었지만, 나는 솔로 종목에 출전하게 되었다. 그리고 전국 총검술 대회 개인전에서 당당히 2위를 차지하는 일을 저질러 버렸다. 평가 항목에는 기술 난이도, 기술 구성, 무대 활용도 등이 있는데, 무대 활용을 완전히 포기한 상태에서 2위를 차지했으니 정말 대단한 결과였다. 대회를 마치고 돌아온 나는 전교생 앞에서 포기하지 않고 도전한 성과를 칭찬받는 영광을 누렸다.

"Keep Calm and Carry on."

감정에 휘둘리지 않고 본연의 일을 묵묵히 하라. 그냥 꾸준히 하다 보면 좋은 일이 생긴다는 말이 맞다. 설사 그렇지 않다 하더라도, 감정의 소용돌이에 빠지지 않는다면 적어도 나쁜 일이 일어나는 것은 분명히 막을 수 있다. 그때 나를 믿고 학교를 설득해서 출전할 수 있도록 해준 코로넬 모텐슨(Lt. Colonel Kenneth Mortenson) 코치님에게 아직도 감사하다.

타인의 시선을 극복하는 법

타인의 시선에 연연하지 말자.

많은 이들이 타인의 눈치를 보며 살아간다. 이제 그만 타인의 시선에서 벗어나 진정한 자신으로 거듭나자.

우리는 왜 타인의 시선에 집착하는가?

자존감이 낮고 자의식이 강한 사람들이 타인의 시선을 지나치게 의식한다. 겉으로는 남들과 잘 어울리는 것 같지만, 내면은 공허하다.

자신을 객관적으로 바라봐라. 글쓰기를 통해 자신을 돌아보는 훈련을 하자. 감정일기를 쓰면 이성적 사고를 키울 수 있다.

자신감을 키워라. 자신의 장점을 찾고 그것을 발전시켜라. 작은 성취감부터 쌓아가라.

타인에게 관심을 가져라. 자신보다 타인에게 관심을 돌려라. 타인과의 대화를 게임처럼 여기고 공통점을 찾아라.

행동으로 옮겨라. 두려워하지 말고 행동하라. 실패해도 괜찮다. 그것이 경험이 되어 더 강한 사람으로 만들어줄 것이다.

자신의 가치를 알고, 자신의 길을 걷자.

타인의 평가가 아닌 자신의 기준으로 살아야 한다.

남들이 어떻게 생각하든 상관없다.

내 인생은 나의 것이다.

자, 이제 타인의 시선은 잊어라.

당신의 내면의 소리에 귀 기울여라.

그리고 당당히 앞으로 나아가라.

8 눈치 내려놓기

어린 시절, 열 살 때부터 해외 생활을 시작한 나는 다행히도 인종차별로 인해 트라우마가 될 정도로 불미스러운 사건을 겪은 기억은 없다. 그러나 보이지 않는 인종차별은 늘 존재했고 그로 인해 사사로운 마찰도 있었다. 내가 해외에 처음 갔을 당시에는 서울 올림픽이 열리기 전이고, 세계에서 한국의 영향력은 미미했다. 한국을 모르는 나라가 더 많았던 시기였다. 그래서 나는 종종 중국인이나 일본인으로 오해받았고, 한국에서 왔다고 하면 심지어 아프리카인들조차 "꼬레?", "꼬레아?"라며 무시하던 시절이었다. 이러한 환경 속에서도 나의 장점을 발견하고 자신감을 키우려고 노력했고, 어

떤 상황에서도 굴하지 않으려는 근성이 자연스럽게 만들어
졌다. 이러한 경험은 나에게 큰 교훈이 되었고, 나는 나름대
로 잘 지냈다고 생각한다.

처음 해외에 나갔을 때 영어를 잘하지 못했지만, 친누나
를 제외하면 내가 유일한 동양인이거나 동양인이 거의 없는
환경에서도 잘 적응했다. 특히 운동을 좋아해 학교 스포츠
활동에 적극적으로 참여한 것이 큰 도움이 되었다. 1980년
대 초반 자이레에서 축구, 야구 그리고 처음 배워보는 농구
와 수영 활동에 참여했는데, 나름 잘하는 축에 끼어서 나는
친구들 사이에서 인기가 없지 않았다. 말은 서툴렀지만 친구
집에 초대되어 하룻밤 같이 자는 일도 많았다. 그러다 보니
영어는 1년 정도 지났을 무렵 ESL(English as Second Language) 반
에서 벗어나 일반 수업에 참여하게 되었고, 친구들과 의사소
통하는 데 전혀 문제가 없게 되었다. 나와 처음 얘기하는 사
람들은 나를 미국인으로 착각할 만큼 영어실력도 늘어났다.
그러나 내 국적을 밝힐 일이 있어 알려주게 되면 상대방은
한국이 어떤 나라인지 모르는 경우가 허다했다.

사춘기를 거쳐 이성에 눈을 뜨고 여자에 관심이 생기기
시작한 시기는 모로코 수도 라바트에 소재한 미국인 학교

RAS(Rabat American School)에 다니던 때였다. 2년 넘게 학교를 다니는 동안 다양한 국적의 여자친구를 사귀었지만, 동양인으로서의 인종차별은 전혀 느낄 수 없었다. 인종차별이 조금이라도 있었다면 미국인, 캐나다인, 모로코 혼혈 미국인, 이집트인 등 다양한 국적의 여자 아이들과 사귀는 것이 불가능했을 것이다. 나는 내 키와 비슷한 사람과도, 나보다 조금 작은 사람과도, 내 키보다 큰 사람과도 모두 사귀어 보았다.

모로코 거주 외교관 자녀들은 대부분 프랑스인 학교 또는 미국인 학교를 다녔는데, 프랑스인 학교는 규모가 꽤 큰 편이었다. 나는 당시 프랑스인 학교에서 예쁘기로 소문 난 여학생과 사귀고 있었다. 이 여자친구는 내가 한국에 대학 진학을 위해 모로코를 떠나기 전 마지막 순간까지 함께한 연인이기도 하다. 요즘 같이 이메일이나 SNS가 있었다면 지금 내 인생이 어떻게 변해있을지 모를 정도로 애틋한 마음으로 서로를 아껴주다가 가슴 아픈 이별을 하게 되었다.

나는 말주변이 좋아 말을 아주 재미있게 한다거나, 키가 크고 잘생기지도 않았지만, 그래도 남부럽지 않은 사춘기 연애 생활을 했다고 자신한다. 그런데 한국으로 귀국해서 대학교 생활을 하면서 태어나 처음으로 '키'에 대해 의식하게 되었다. 소개팅을 했는데 여자 쪽에서 "키가 작아서 싫다"는 피드백을 듣는 일이 종종 있었고, 동창생 중 한 명은 내 키 이야기를 하며 농담을 던지기도 했었다. 말수가 적은 내 성격은 첫 만남이나 첫 데이트에서 그다지 좋은 기억을 남기지 못했다. 외국 생활을 할 때와 너무 대조적인 반응이었기에 나는 충격을 받았고, 시간이 지나면서 자신감에 조금씩 상처가 누적됐다. 그리고 사춘기를 포함한 내 청소년기에 없었던 콤플렉스, 즉 키에 대한 콤플렉스가 생겨나게 되었다. 내 키가 크지 않다는 것을 알고 있었지만, 태어나서 처음으로 내 키가 장애물처럼 느끼게 된 것은 너무도 받아들이기 힘들었다. 더욱 나를 고통스럽게 하는 점은, 키는 내가 스스로 노력해서 개선될 수 없다는 사실이었다. 이 점이 나를 더욱 분하고 괴롭게 만들었다. 게을러서 그렇다면 열심히 하면 될 것이고, 무식해서 그렇다면 공부하면 될 것이고, 미숙해서 그렇다면 경험을 쌓으면 될 것이고, 가난해서 그렇다면 경제적으로 성공하면 될 것이다. 그러나 노력으로 될 수 없는 영역에서 차별감을 느끼는 것은 받아들이기 힘들었다. 이런 이유로 외모지상주의 그리고 물질지상주의 사회에 대한 불만심이 점점 커졌다. 이렇게 나의 반항심은 10대와 20대를 거쳐

나이들수록
매달려야 하는 것들

30대에 정점을 찍었다.

지금의 나는 키에 대한 콤플렉스를 느끼며 살지 않는다. 약 30년의 세월이 지나면서 내 이면에 무엇이 바뀐 것일까? 나는 도대체 어떻게 진화해서 키에 대한 콤플렉스가 자연스레 사라졌을까? 곰곰이 생각해보면 타인의 눈치를 보지 않고 내가 갈 길을 과감하게 걸어갔기 때문이 아닐까 한다. 실패도 맛보았지만 결과적으로 크고 작은 성공을 맛보며 내 자신을 더 잘 알게 된 시기를 충분히 보낸 것이 그 이유가 아닌가 싶다. 현재 나는 내가 누구인지 그리고 어떤 사람인지 더 잘 알고 있다. 20대에 그냥 정처 없이 헤매고 있을 때보다, 30대에 인생을 그냥 살아내기 위해 허덕이고 있을 때보다, 40대에 이룬 것을 지키고 키우려고 애지중지할 때보다 더 많이 안다. 아마도 60대가 되면 지금의 내 자신보다 나를 조금 더 잘 알 것이라 생각한다.

내 자신을 아는 정도와 자신감은 비례한다고 믿는다. 헛된 것에 매달리지 않고, 내가 잘해낸 것들을 토대로 앞으로도 잘해낼 수 있다고 믿고 묵묵히 내 할 일을 하며 걸어가는 삶을 살았고 지금도 그렇게 살고 있다. 여기에는 '콤플렉스'가 비집고 들어올 틈이 없다. 오로지 크고 작은 실패와 성공을 거쳐 만들어진 '나'라는 존재 그리고 그에 상응하는 자신 감만이 있다.

내 자신을 포함해 내가 사람을 평가하는 중요한 관점에는 '그가 얼마나 적극적이고 능동적이며 주체적인 삶을 살고 있나'가 있다. 10대에서 20대까지는 부모에게 받은 것이 그 사람으로 보여지는 경우가 일반적이다. 이때의 자기 모습이 자신이라고 착각하는 실수를 흔히 범하지만 말이다. 하지만 30대를 거쳐 40대가 되면 비로소 자기애를 가지고 스스로를 얼마나 혹독하게 키워냈는가에 따라 그 사람이 보여진다. 노력 없이 얻어진 것은 소리 없이 소멸되어, 과거에 누구였는지는 상관없어진다. 그러므로 지금 현재 그 사람이 어떤 태도와 관점으로 삶을 살고 있는지에 초점을 두게 된다. 조금은 극단적인 판단일 수도 있지만, 많은 것을 이룬 사람일지라도 과거 이야기에만 꽃을 피우면 향기는 덜하다. 내 자신을 포함해 '사람'을 보는 나의 확고한 관점이 생겨남에 따라, 30대 초반까지 나를 따라다녔던 콤플렉스는 더 이상 존재하지 않는다. 내 앞의 현실과 무관한 곳을 보지 않고, 오로지 현재를 위해 사는 나만 남아있기 때문이다. 콤플렉스가 고개를 든다는 것은 내가 잘못 살고 있다는 신호라고 생각한다. 나는 내 자신에게 약속한다. 힘이 닿는 데까지 최선을 다해 살아갈 것이라고.

나를 '키'와 '서툰 말'로 판단하지 않았던 내 어린 시절의 여자친구들에게 고맙다. 그들과의 추억은 현재의 '나'라는 존재를 빚어내는 데 큰 역할을 했다. 그들의 존재가 나에게 큰 힘으로 내 안에 남아있다.

50대, 이제부터 시작이다

50대, 이제 시작이다.

50대부터 30년을 제3의 인생이라 한다.

은퇴시기와 겹치는 제3의 인생이지만

퇴직의 retirement가 아닌 불꽃 재점화의 reignition의 시기다.

착륙이 아닌 새로운 인생을 향한 이륙.

나이에 굴복하지 않고 내 열망, 하고 싶은 것, 좋아하는 것을

계속 추구하는 인생의 전환시기.

사람은 나이가 들수록 어떤 사람이 되어가고 있는지를 스스로

느끼며 살아가야 한다.

노인의 삶이 아닌 뜨거운 인생으로 살면서 삶의 주체가 되자.

이제는 100세 시대가 우습지 않은가.

멋지게 나이 드는 법을 배워 건강해야 한다.

인생에는 저마다 주어진 도화지가 있다.

몇 장이 남았는지는 아무도 모르지만 한 장 한 장 채우며 후회

없는 삶을 그리자.

최선을 다한다는 것은 도전에 가깝다.

환경에 굴복하고 편하자고 안주하지 말자.

내가 열망하는 것을 좇으며 끝임없이 노력하자.

삶을 능동적으로 대하며 내 힘으로 서고, 내 힘으로 나아가자.

그러니 우리 모두 건강하자.

"mens sana in corpore sano."

건강한 신체에 건강한 정신이 깃든다.

우리에게 주어진 제3의 인생

당신에게도 곧 올 제3의 인생

끝임없는 열정이 있다면 더 멋질 것이다.

당신의 열정을 응원한다.

9 후회 내려놓기

　최근 통계를 보면, 우리가 가장 오랜 시간 일한 직장에서 퇴직하는 나이는 평균 50.5세라고 한다. 100세 시대에 이 나이는 정말 빠르다. 주변을 둘러보면 은퇴를 했거나 준비 중인 이들이 눈에 띄게 많아졌다. 그들의 표정에서 "이제 내 인생은 끝난 건가?" 하는 깊은 고민과 불안감이 묻어나는 걸 종종 목격한다. 그 모습을 보면 가슴 한켠이 먹먹해지고는 한다. 사실 나도 그런 기분을 겪어본 적이 있다.

　나는 매우 주체적이고 능동적인 퇴직을 했는데도 불구하고, 새롭게 벌린 사업이 "계속 잘될까?" 하는 생각이 계속 머릿속을 맴돌았다. 꼬박꼬박 나오는 월급을 저축하고 안정적인 수입이 보장되는 어떤 것에 투자해서 화려하지는 않지만 편안한 은퇴생활을 그리던 나에게는 너무도 큰 변화였다. 마치 잘 닦인 등산로를 벗어나 발길이 닿지 않은 숲이 우거진 곳으로 뛰어든 느낌이었다. 30대에 도전했던 개인사업에서 느꼈던 실패의 쓴맛이 다시 한번 혀끝을 괴롭혔다. 그때의 좌절감, 무력감 그리고 주변의 시선들이 다시 떠올랐다. 그 당시에 열심히 저축해 모았던 돈의 거의 대부분을 새 사업에 투자한 만큼, 처음에는 뭔가 돌이킬 수 없는 큰일을 저질러버린 듯한 느낌이었다. 밤잠을 설치며 "내가 과연 선택을 잘 한 걸까?" 하는 의문이 끊임없이 들었다. 앞으로 어떻게 이 상황을 헤쳐나가야 할지 막막하기도 했다. 굳이 하지 않아도 될 전쟁에 내가 스스로 뛰어든 것이었다. 총도 투구도 제대로 준비되지 않은 맨몸으로 말이다.

때로는 아침에 눈을 뜨는 것조차 두려웠다. 불확실한 미래에 대한 불안감이 나를 옥죄었다. 그런데 시간이 지나면서, 그게 사실 새로운 시작의 신호라는 걸 깨달았다. 나는 내 열정을 다시 한번 불태울 수 있는 새로운 도전을 찾았던 것이다. 매일 아침 일어나면 새로운 아이디어들이 떠올랐고, 그것을 실현시키기 위해 부지런히 움직였다. 물론, 이 열정

나이들수록
매달려야 하는 것들

때문에 실수도 많이 했다. 때로는 너무 성급하게 결정을 내려 후회하기도 했고, 때로는 필요 이상으로 신중해져 기회를 놓치기도 했다. 쉽지는 않았지만 '하고 싶은 것'과 '해야 하는 것' 사이에서 균형을 잡는 데 많은 시간과 노력이 필요했다. 가족들과 의견 충돌도 있었고, 돈이 없어 압박감에 시달리기도 했다. 하지만 그 과정에서 내 자신과 더 깊이 마주하게 됐고, 진정으로 원하는 것이 무엇인지 깨닫게 됐다.

그러한 과정을 통해 앞으로 무엇을 어떻게 해야 하는지를 조금씩 터득해가기 시작했다. 결과적으로는 '새로운 환경 속에서 새로운 나를 찾는 일'은 필연적으로 거쳐야 하는 과정이었던 것이다. 새로운 내가 어딘가에 숨어서 발견되기를 기다리고 있다는 생각을 하면 그것은 분명 무척 흥미로운 일이다. 마치 보물찾기를 하는 어린아이처럼 매일매일이 새로운 발견의 연속이었다.

얼마 전에는 오래된 사진 앨범을 정리하면서 내 젊은 시절의 꿈들이 다시 떠올랐다. 대학 시절 친구들과 밤새 술 마시며 나눴던 미래에 대한 이야기들, 첫 직장에 입사했을 때의 포부, 결혼할 때 꿈꿨던 가정의 모습… 그때 드는 생각은 '내가 뭐 했었지?' 보다는 '앞으로 뭐 해볼까?' 라는 기대감이 더 컸었다. 과거의 꿈들 중 일부는 이뤘고, 일부는 포기했지만, 새로운 꿈을 꿀 수 있다는 게 나를 가슴 뛰게 만들었다.

퇴직은 단순히 끝이 아니라, 새로운 장을 여는 기회다. 지금까지 쌓아온 경험과 지혜는 새로운 길을 개척하는 데 큰 자산이 된다. 수십 년간의 직장 생활에서 얻은 노하우 그리고 실패의 경험들이 새로운 도전의 밑거름이 된다. 물론, 오랜 회사생활을 하며 쌓인 소중한 경험들이 오히려 걸림돌이 되는 경우도 있다. 때로는 너무 익숙한 방식에 얽매여 새로운 변화를 받아들이기 어려울 때도 있다. 분명한 것은 스스로 경험하며 길을 찾아가야 하는 수밖에 없다는 점이다. 소셜미디어에서 또는 주변에서 '이렇다', '저렇다' 하는 조언들이 많을 것이다. 성공한 은퇴자들의 화려한 일상이 부럽기도 하고, 때로는 위축되기도 한다. 하지만 결국은 본인이 하나하나 경험하며 자기만의 길을 만드는 것 말고는 방법이 없다. 남들과 비교하지 않고 나만의 가치관과 속도로 나아가는 것이 중요하다.

퇴직은 분명 새로운 기회를 준다. 하지만 과거를 회상하며 현재를 바라볼 때 우울감이 몰려오기 쉽다. 미래를 생각하면 매우 불안할 것이다. 괜찮다. 나 역시 그러했다. 때로는 세상과 단절하고 싶을 때도 있었다. 하지만 이런 마음은 그저 잠깐의 감정일 뿐이라는 것을 지금 나는 안다. 인생은 여전히 계속되고 새로운 가능성은 언제든지 열려 있기 때문이다. 퇴직 후의 삶은 마치 새로운 모험을 떠나는 것과 같다. 두렵고 불안하겠지만, 동시에 설레고 기대되는 순간도 있을 것이다. 우리가 쌓아온 경험과 지혜는 새로운 여정에서 든든한 나침반이 되어줄 것이다. 중요한 건 자신을 믿고 한 걸음씩 나아가는 용기다. 50대, 60대 아니 그 이후에도 우리의 인생은 여전히 빛나고 있다는 걸 기억하자. 새로운 꿈을 꾸고 그 꿈을 향해 나아가는 것, 그것이 바로 우리가 살아있음을 증명하는 방법이 아닐까?

인생의 2막 아니 어쩌면 3막이나 4막을 시작하는 지금, 우리에겐 무한한 가능성이 놓여 있다. 그동안 미뤄뒀던 취미를 시작해볼 수도 있고, 새로운 기술을 배워 제2의 직업을 가질 수도 있다. 또는 가족과 함께 더 많은 시간을 보내며 소소한 일상의 행복을 누릴 수도 있다. 중요한 건 우리가 선택할 수 있다는 것, 그리고 그 선택을 통해 우리의 삶을 더욱 풍요롭게 만들 수 있다는 것이다.

나이가 들수록 잘 놓아야 한다

뭐든 잡기에만 급급할 때가 있다.

성적, 친구, 돈, 명예, 몸매,

그런데 중요한 것이 따로 있었다.

잘 잡기 위해서는 잘 놓아야 한다는 것.

그리고 방향이 중요하다는 것.

우리 삶은 꼭 저글링 같다.

여러 개의 공은 우리의 할 일이다.

잡기에만 바쁘면 긴장한다.

잡기에만 바쁘면 조급하다.

잡기에만 바쁘면 공을 못 놓는다.

공을 놓아줘야 빈손이 생기고, 빈손에 다른 공이 안기듯이

저글링엔 놓아주기가 더 중요하다.

떨어뜨려도 좋다, 놓아줘보자.

하나씩 하나씩 차근차근

하나씩 늘리며 현재에 집중하자.

다른 생각하면 공을 못 본다.

그리고 잘 놀아보자.

공 놓아주기를 하다 보면 잡기는 그냥 따라온다.

열심히 돌리다 보면 잡념이 사라진다.

그리고 또렷이 공이 보인다.

공이 없다면 양말도 좋다.

오늘부터 한 개씩 놓아보자.

나이 오십을 바라보며 운동을 향한 열정이 깊어지면서, 나는 자연스럽게 맨몸운동의 매력에 빠져들게 되었다. 그 시기에 국내외에서 폭발적인 인기를 끌던 크로스핏은 나에게 강한 매력으로 다가왔다. 땀방울이 이마를 타고 흘러내리고, 근육이 불타오르는 듯한 느낌. 그 순간 나는 이 운동의 매력에 완전히 매료됐다. 영화 〈300〉에서의 전사들처럼, 마치 중독된 듯 크로스핏이라는 열풍에 휩쓸려 들어갔다.

무거운 바벨을 들어올리고, 숨이 턱까지 차오르는 고강도 운동을 반복하며 나는 날마다 새로운 한계에 도전했다. 하지만 무거운 중량과 반복 횟수를 높여 도전하면 할수록, 부상이라는 피할 수 없는 벽에 자주 부딪히게 되었다. 물론 적당히 즐기면서 운동을 이어가는 선택지도 있었지만, 그렇게 내 자신을 내버려둘 수 없었다. 크로스핏 대회 참가자들의 불타오르는 열정을 목격할 때마다, 나의 피 역시 끓어오르는 것을 느꼈기 때문이다. 더 잘하고자 하는 욕망은 좀처럼 가라앉지 않았고, 그 욕심을 내려놓는 것은 거의 불가능했다. 나는 끊임없이 성장하고 싶었고, 운동을 쉬는 것은 결코 용납되지 않았다. 스스로의 한계를 넘어 성장해가는 과정은 너무나도 매력적이었고, 그 자체로 중독성 있는 경험이었다. 돌이켜 보면, 당시의 나는 크로스핏에 완전히 미쳐 있었다. 하지만 '모든 것에는 끝이 있다'는 진리를 인정해야 하는 시기가 찾아왔다.

크고 작은 부상들이 이어지다가 결국 고관절에 심각한 부상을 입고, 재활 기간 동안 극히 제한적인 운동만 해야 하는 상황이 되었다. 나는 빠른 회복을 위해 갖은 노력을 아끼지 않았다. 술은 거의 입에 대지 않았고, 재활센터를 꾸준히 다니며 치료에 전념했다. 그러나 내면 깊숙한 곳에서는 무거운 고민이 있었다. 인정하고 싶지 않았지만, 과연 내가 앞으로도 크로스핏을 잘해낼 수 있을지에 대한 의문이 끊임없이 떠올랐기 때문에 재활실에 누워 천장을 바라보며, 나는 처음으로 "과연 이게 맞는 길인가?"라는 의문을 품게 되었다.

이 시기에 나는 재활과 부상 회복에 대해 정말 많이 공부했다. 그 과정에서 크리스토퍼 소머(Christopher Sommer)의 성인을 위한 기계체조와 이도 포탈(Ido Portal)의 '무브먼트' 수련에 대해 알게 되었다. 내 오랜 고민에 대한 해답을 찾은 것 같았다. 이들의 접근 방식은 단순히 무게와 횟수에 집중하는 것이 아니라, 관절의 가동범위, 협응력, 인지력, 균형감 등 보다 세밀하고 체계적인 방법으로 신체를 단련하는 것이었다. 잦은 부상으로 인해 의기소침했던 나에게 이 발견은 하늘에서 내려온 동아줄과도 같았다. 신체의 모든 관절을 단계적으로 강화하고, 체계적으로 다양한 움직임에 노출시키고 적응해 나감으로써 전반적인 신체 능력을 향상시키는 것을 목표로 하는 접근방법을 통해 운동신경 전반을 향상시켜주는 훈련 방식이다. 남부러울 게 없는 외적으로 아름다운 신체는 덤으로 오는 선물이다.

이 새로운 접근 방식으로 운동하며 예전과 달리 상당히 오랜 기간 큰 부상 없이 성장할 수 있었는데, 안타깝게도 나는 또다시 한계를 마주하게 됐다. 내가 이룬 것에 만족하지 못했고, 더 높고 어려운 목표를 향해 끊임없이 달리고 또 달렸다. 내 자신은 남들과 다르다고 생각했지만, 돌이켜보면 나 역시 멋있어 보이는 것, 어려워 보이는 것, 강해 보이는 것에 집착하는 얄팍한 마음에서 벗어나지 못했던 것이다. 결국 내게 찾아온 것은 누적된 피로로 인한 부상이었다. 비록 젊지 않은 나이에 시작했지만, 탁월한 수련 체계를 통해 상상할 수 없을 만큼 많은 성장을 이뤄냈다. 하지만 앞만 보고 달려가느라 주변을 살피지 못했고, 때로는 내려놓아야 할 때를 놓지 못하는 큰 과오를 저지른 것이다. 그 다음 단계에 어려운 난도의 동작들이 무엇이 그리 대단하다고, 내가 이뤄낸 수많은 성과들을 왜 스스로 인정하지 못했던 것인지….

이 시기에 나는 많은 고민과 자책으로 가득 찬 어두운 시간을 보냈다. 세상을 바라보는 내 시선은 불만으로 가득 차 있었고, 그런 내 모습은 표정에 그대로 드러났다. 나를 걱정하는 아내의 마음 역시 날이 갈수록 깊어져갔고 이런 상태의 나와 함께 생활하는 것이 무척 힘들었을 것이다. 다행히 아내의 적극적인 도움과 지지 덕분에 나는 서서히 그리고 단계적으로 욕심을 내려놓을 수 있게 되었다. 정신을 차리고 주변을 돌아보니 전에는 보이지 않던 것들이 눈에 들어오기 시작했다. 그동안 소홀히 했던 부분들에 주의를 기울이다 보니 막혀있던 문제들의 해법이 보이기 시작했다. 3년간 나를 괴롭혔던 어려운 도전은 어느새 자연스럽게 해법을 찾았고, 예전처럼 지나치게 힘을 주어 집착하지 않고 연습하는 법을 익히기 시작했다. 물론 더 성장하고 한계를 넘어서기 위해서는 집착이 필요하다. 하지만 동시에 나는 집착이 더 이상 도움이 되지 않고 오히려 해가 되는 순간이 언제든지 찾아온다는 것을 깨달았다. 이러한 깨달음은 나의 신체 수련 전반에 걸쳐 큰 변화를 가져왔다. 지금은 예전처럼 과도하게 집착하는 수련 방식을 내려놓고, 좀 더 차분하게 나 자신을 들여다보는 데 중점을 두고 있다. 내가 원하는 것이 아닌, 나에게 필요한 것을 보게 되는 지혜가 생긴 것이다.

나는 이제 내 신체가 더 이상 젊어지지 않으며, 세포들이 서서히 소멸되어 가고 있다는 사실을 받아들이게 되었다. 쉽게 받아들여지지 않는 것이 사실이다. 그래서 나는 이제 소멸의 속도를 조금이나마 늦추면서, 현재 내가 가지고 있는 능력들에 감사하며 그것들을 보다 잘 활용하는 데 초점을 맞추기로 했다. 늙어간다는 사실을 인정하는 것은 쉽지 않다.

하지만 이를 받아들이고 현재에 감사하는 마음을 갖는 연습을 통해, 나는 보다 만족스럽고 의미 있는 삶을 살아갈 수 있을 것이라 믿는다.

저글링

저글링(Juggling)은 하나 이상의 소도구(공, 곤봉, 링 등)를 공중에서 던지고 받으며 특정 궤적을 그리거나 회전시키는 동작이다. 전통적으로 서커스나 곡예의 일부로 여겨졌지만, 최근에는 엘리트 운동선수들의 동체운동신경을 발달하고 유지관리 도구로 자주 사용되고 있다. 일반적으로 테니스공 또는 저글링공을 사용한다.

○- 저글링을 해야 하는 이유

저글링은 단순한 놀이를 넘어 신체와 두뇌에 다양한 긍정적인 영향을 미친다. 학습 능력 향상과 뇌 발달에 좋은 인지적 이점이 있으며, 스트레스 완화와 손과 눈의 협응력 향상 등 여러 방면에서 유익하다.

1. 인지적 이점
+ 학습 능력 향상: 저글링은 집중력 등 학업 능력을 향상시키는 데 도움을 줄 수 있다.
+ 뇌 발달: 최신 연구에 따르면 저글링 연습은 뇌의 백질(white matter)에 변화를 만들고, 이는 뇌의 연결성을 강화해 더 효율적으로 작동하도록 돕는 것이 발견되었다. 또한, 기억력과 집중력과 관련된 회백질(gray matter)도 증가시킨다..
+ 신경가소성(Neuroplasticity) 강화: 저글링은 뇌가 스스로를 재구성할 수 있는 능력인 신경가소성을 자극한다. 특히 저글링과 같은 이중 작업 활동은 뇌 영역 간 통합을 촉진하여 신경가소성을 강화한다.

2. 스트레스 완화

✛ 저글링은 재미있는 활동으로 두뇌를 활성화하면서도 스트레스를 해소하는 데 효과적이다. 공부나 업무 중간에 잠시 쉬면서 저글링을 하면 마음이 현재에 집 중되며 긴장을 풀 수 있다.

3. 손과 눈의 협응력 향상

✛ 저글링은 손과 눈의 협응력을 크게 개선하며, 이는 스포츠 퍼포먼스에도 긍정 적인 영향을 미친다.

저글링은 누구나 쉽게 시작할 수 있는 활동으로, 즐거움뿐 아니라 건강과 두뇌에 많 은 이점을 제공한다

저글링 목표는 3개의 공을 1분 이상 실수 없이 저글링하는 것을 목표로 한다.

저글링
*다음의 QR코드를 접속하시면 운동 지도 영상을 볼 수 있습니다.

짧은 인생이다

인생은 짧다.

그 짧음이야말로 우리의 가장 큰 선물이다.

쇼펜하우어는 말했다.

"복수하지 마라, 썩은 과일은 알아서 떨어진다."

이 진리를 가슴에 새겨라.

복수에 시간을 낭비하지 마라.

복수심은 너를 갉아먹을 뿐이다.

진정한 힘은 복수를 넘어서,

더 큰 목표를 향해 나아가는 데 있다.

썩은 과일은 자연스럽게 떨어진다.

불공정한 일도 시간이 지나면 해결된다.

복수 대신, 너의 성장을 위해 모든 에너지를 쏟아라.

내면을 강하게 만들어라.

복수보다는 자신을 단련하고, 정신을 강인하게 하라.

그것이 진정한 강자의 길이다.

진정한 강함은 복수를 초월하는 데 있다.

이 짧은 인생을 의미 있게 살아가라.

지금, 너의 성장에 집중하라.

11 복수 내려놓기

인생은 참으로 짧다. 어느 날 문득, 거울 속 내 모습을 바라보며 이 사실을 뼈저리게 깨달았다. 내 인생의 절반이 훌쩍 지나가버린 것을 인지한 그 순간, 마치 번개가 스치듯 쇼펜하우어의 말이 떠올랐다.

"복수하지 마라, 썩은 과일은 알아서 떨어진다."

젊은 시절의 나는 이 말의 깊은 의미를 제대로 이해하지 못했다. 아니, 어쩌면 이해하기를 거부했는지도 모른다. 회사생활을 하며 겪었던 부당한 사건이 생생하게 기억에 남아 나를 괴롭혔었다. 그때의 나는 배신감에 사로잡혀 많은 시간을 허비했다. 그들에게 내가 얼마나 대단한 사람인지 보여주겠다고 다짐하며, 이 부당한 상황을 떠올릴 때마다 더욱 철저하게 나의 미래를 개척해 나갈 것이라 굳게 다짐했다. 때로는 성공한 미래의 내 모습을 상상하며 음울한 만족감을 느끼기도 했다. 그때의 나는 그런 상상이 얼마나 공허하고 무의미한지 알지 못했다. 하지만 세월이 흐르면서 비로소 깨달았다. 그 모든 분노와 복수심은 나를 갉아먹고 어두운 나락으로 이끌 뿐이었다는 것을. 내 소중한 에너지와 시간은 복수심을 불태우는 데 허비되고 있었고, 정작 나 자신의 성장은 뒷전이었다. 주변 사람들이 발전하는 모습을 볼 때면 나만 뒤처지고 있다는 초조함에 시달렸다. 하지만, 내가 복수심에 사로잡혀 있는 동안에도 나를 둘러싼 모든 것들은 성장하고 있었다.

어느 날, 뉴스에서 H해운의 파산 소식이 들려왔다. 파산한 이유는 복합적이었지만, 회장 일가의 모럴해저드와 오너리스크 문제가 주요 원인으로 지목됐다. 한때 국내 1위, 세계 6위의 해운사가 그룹 오너 일가의 오만함과 방만함으로 인해 순식간에 증발해버린 것이다. 이 소식을 들으며 나는 복잡한 감정에 휩싸였다. H해운의 법정관리 이후 해운업계는 엄청난 혼란에 빠졌다. 수출로 먹고사는 한국에서 해운은 중요한 산업 인프라다. 40여 년간 전 세계에 구축해놓은 네트워크는 민간을 넘어선 국가의 자산이다. 이런 네트워크는 새롭게 구축하기는 어려워도 망가지는 것은 한순간이다. 이 사건은 나에게 기업의 사회적 책임과 경영윤리의 중요성을 다시 한번 일깨워줬다. 그러나 동시에 오랜 기간 열심히 회사를 다니던 옛 직장 선후배들을 생각하니 매우 안타까운 마음이 들었다. 내 가슴 한켠에 남아있던 회사에 대한 감정의 응어리가 해소되었지만, 동시에 복잡한 감정이 솟구쳤다.

나는 H해운에서 과장 시절, 해외 발령을 고대하고 있었다. 독일 함부르크는 유럽의 중심 수출입 항구이자 유럽지역 본부 역할을 하는 중요한 곳이었고, 나는 당시 함부르크 영업관리 책임직을 희망하고 있었다. 모시던 상사에게 적극 건의해주겠다는 답을 듣고 있었던 상황이었다. 그러나 그 자리가 예고 없이 본사발령이 아닌 현지인 채용으로 변경된 것을 알게 되었다. 그때의 실망감과 배신감은 아직도 생생하다.

갑작스런 인사발령의 배경을 알아보니, 그룹 회장님의 뉴욕 출장 때 당시 본사발령 영업관리자의 영어 실력이 너무도 형편없는 것이 밝혀지면서 앞으로 모든 해외 영업관리 책임자는 현지인으로 채용하라는 지시가 있었던 것이다. 그 후 얼마 되지 않아, 회사에서는 조직 내 의사소통 개선이라는 명목으로 '대표이사와의 간담회'가 처음 열리게 되었는데, 과장급들이 한데 모여 당시 회장님과 담소를 나누는 자리였다. 그런데 겉으로는 직원 소통을 위한 것이었지만, 실상은 회사의 위계질서를 확인하는 자리나 다름없었다. 나는 꽤 많은 중간 관리자들이 그룹 임원 자제들이라는 사실을 그 자리에서 알게 되었다. 간담회 중에 회장님은 어떤 여직원에게 안부를 물었는데, 그 여직원은 그룹 항공사의 임원직을 거쳐 자회사인 여행사 대표이사로 있는 분의 딸이었다. 그녀가 곧 결혼하게 되어 퇴직하고 남편을 따라 영국으로 갈 계획이라고 말하자, 회장님은 여유로운 말투로 런던에 영업관리직 자리를 마련해줄 테니 가서도 회사를 다니라는 말을 하는 것이었다. 그 순간, 나는 머리가 핑 돌면서 얼굴이 벌겋게 달아올랐다. 처음 느껴보는 모멸감과 불쾌함이었다. 그때 나는 회사에 대한 나의 충성심과 열정이 얼마나 허망한 것이었는지를 알게 되었다. 당시 세계에서 회사의 위상은 한국인으로서 자부심을 느끼기에 충분했고 나 역시 그랬다. 반면, 회사는 보수적이기로 업계에서도 아주 유명했다. 인프라 기반의 자본집약적 산업이다 보니, 개인의 창의성이나 독창성보다는 거대한 기계가 잘 돌아가는 것이 더 중요했을 것이다. 탁상공론과 아첨이 출세의 핵심 요인이라는 것도 선배들과의 술자리에서 누누이 들어온 터라 모든 일이 그리 놀랍지 않았다. 하지만 그러한 현실을 직접 경험하니 내 마음 속 깊은 곳에서 무언가가 무너지는 소리가 들렸다.

당시 나는 성과도 우수했고 회사에서 나보다 영어를 잘하는 사람도 없었다. 재미있는 사실은, 새롭게 고용된 현지인 영업책임자들이 오히려 본사와의 소통에 어려움을 겪고 성과도 떨어지면서 결국 다시 본사 발령 한국인으로 번복되었다는 사실이다.

이 모든 경험은 나에게 피부로 느끼는 교훈이 되었다. 조직의 성공이 반드시 개인의 성공과 일치하지 않는다는 것 말이다. 그리고 이제 진정한 성공은 외부의 인정이 아닌 내면의 성장에서 온다는 것을 다시 한번 깨달았다. 쇼펜하우어의 복수에 대한 말이 가슴 깊이 와닿았다.

지금은 복수보다 나 자신의 성장에 집중하는 것이 얼마나 중요한지 스스로에게 자주 일깨우고 있다. 새로운 것을 끊임없이 배우고, 실패와 좌절의 순간을 거치는 매 순간이 의미 있다. 내가 성장하고 있다는 느낌, 새로운 것을 창조해나간다는 느낌은 그 어떤 복수의 달콤함보다 값지다. 이 과정에서 나는 진정한 자아를 발견하고, 내 삶의 목적을 재정립하고 있다.

세월이 흘러 어느덧 나는 이제 퇴사한 지 꽤 오래된 중년이 되었다. 가끔 옛 직장 후배들의 소식을 듣곤 한다. 그들이 승진했다거나 회사가 잘된다는 이야기를 들으면, 처음에는 자부심이 들다가도 이내 묘한 감정이 밀려온다.

'내가 회사에 계속 있었더라면 나는 어떻게 되었을까?'

'그 직원은 내가 혹독하게 훈련시키고 파격적으로 연봉인상도 해주며 키워 놨는데…'

'원래는 내가 한국 법인 대표이사 후임자였는데…'

이런 생각들이 스치고 지나갈 때마다 나는 아직도 과거에 머물러 있는 자신을 발견한다. 하지만 곧바로 나 자신을 다잡는다. 이런 생각들이 무의미하다는 걸 알기에. 나는 이미 새로운 길을 걸어왔고, 그 길에서 나만의 성취를 이뤄냈다. 후회는 내 마음을 혼란스럽게 할 뿐이다. 그리고 그런 감정들은 결국 내 안에 있는 어린아이 같은 미성숙함의 표현일 뿐이라는 것도 안다.

이제 나는 과거의 선택을 존중하면서도 현재에 충실하게 살아가는 법을 배웠다. 이제 나는 안다. 진정으로 멋있게 나이를 먹는다는 것이 무엇인지를. 그것은 과거의 선택을 후회하지 않고, 현재의 나를 온전히 받아들이는 것이다. 그리고 앞으로 남은 시간, 얼마나 될지 모를 그 짧은 시간을 더욱 의미 있게 살아가는 것이다. 나이 듦을 두려워하지 않고, 오히려 그 과정을 온 몸으로 두 팔 벌려 받아들이는 것. 주름진 얼굴을 거울로 바라보며 미소 짓는 것. 그것이 바로 멋진 노년의 모습이 아닐까. 나는 이제 내 얼굴의 주름 하나하나가 내 삶의 이야기를 담고 있다는 것을 알게 되었다.

은퇴자로서, 나는 이제 깨닫는다. 내가 걸어온 이 길이 누군가에게는 새로운 가능성을 보여주는 길일 수 있다는 것을. 안정된 직장을 벗어나 새로운 도전을 한 내 모습이, 어쩌면 지금 직장에서 고민하고 있을 누군가에게 용기를 줄 수 있을지도 모른다. 그래서 나는 오늘도 내 길을 묵묵히 걸어간다. 이 짧은 인생, 후회 없이 살아가기 위해. 그리고 누군가에게 새로운 삶의 가능성을 보여주기 위해. 내가 겪은 실패와 좌절 그리고 그 속에서 얻은 깨달음이 누군가에게는 소중한 교훈이 될 수 있다는 믿음으로.

인생은 짧다. 하지만 그 짧음이 우리에게 주는 선물도 있다. 매 순간을 더욱 소중히 여기는 것 말이다. 그래서 나는 오늘도, 내일도 그리고 남은 모든 날들을 온전히 살아갈 것이다. 복수도, 후회도 없이 오직 현재에 충실하면서. 나의 경험이 누군가에게 작은 빛이 되기를 바라며.

이제 나는 매일 아침 거울을 보며 스스로에게 묻는다. "오늘 하루, 어떻게 살 것인가?" 그리고 대답한다. "의미 있게 그리고 후회 없이." 이 질문과 대답은 내 하루의 시작이자 끝이 되었다. 때로는 힘들고 지치기도 하지만, 이 작은 의식이 나를 계속해서 앞으로 나아가게 한다.

가끔씩 내가 걸어온 길을 돌아보며 의문이 들 때도 있다. "과연 내가 올바른 선택을 했을까?" 하지만 곧바로 깨닫는다. 옳고 그름을 따지는 것보다 중요한 것은 그 선택을 통해 내가 얼마나 성장했는지, 그리고 그 경험을 통해 어떤 교훈을 얻었는지가 중요하다는 것을. 모든 선택에는 대가가 따르지만, 동시에 그 선택으로 인해 얻는 것도 있다. 그것이 바로 삶의 균형이다.

나는 이제 내 주변의 모든 것에 감사하는 법을 배웠다. 아침에 눈을 뜨는 것, 가족과 함께하는 식사 시간, 길을 걸으며 마주치는 이웃의 미소. 이 모든 것이 얼마나 소중한지 깨달았다. 이전에는 보지 못했거나 당연하게 여겼던 것들이 이제는 내 삶을 풍요롭게 만드는 보물이 되었다. 물론, 여전히 힘든 날도 있다. 과거의 기억이 불현듯 떠올라 마음이 무거워질 때도 있고, 미래에 대한 불안감에 잠 못 이룰 때도 있다. 하지만 그럴 때마다 나는 깊게 숨을 들이쉬고 내뱉으며 현재에 집중한다. 지나간 일은 이미 지나갔고, 오지 않은 일은 아직 오지 않았다. 오직 지금 이 순간만이 내가 통제할 수 있는 유일한 시간이다.

나이가 들면서 나는 점점 더 단순한 것에서 행복을 찾게 되었다. 복잡한 인간관계나 물질적인 성공보다는 내면의 평화와 자아실현에 더 큰 가치를 두게 되었다. 이제 나는 남들과 비교하며 살아가지 않는다. 오직 어제의 나와 오늘의 나를 비교하며, 조금씩 성장해 나가고 있을 뿐이다.

내일의 건강은 오늘의 선택이다.

시간은 모두에게 공평하다.

나는 매 순간을

건강한 삶에 투자하기로 했다.

주변을 정리하면 인생이 바뀐다

당신의 삶이 엉망이라고 느낀 적이 있는가? 사람들과의 관계가 복잡하게 얽혀 스트레스를 받는가? 방 안이, 책상이, 심지어 마음속이 혼란스럽게 느껴지는가?

이럴 때 필요한 것은 바로 '정리'다. 정리는 단순히 물건을 정돈하는 것을 넘어, 인생을 바꾸는 강력한 도구다.

"주변을 정리하면 인생이 바뀐다."

프리드리히 니체는 이렇게 말했다. 이 말은 단순한 철학적 명제가 아니다. 이는 우리가 삶에서 더 높은 목표를 달성하고, 더 나은 버전의 자신이 되기 위한 핵심적인 비밀을 담고 있다.

인간관계도 정리가 필요하다.

정리는 정신을 해방시킨다. 복잡한 인간관계 속에서 우리는 쉽게 산만해지고, 에너지를 소모하게 된다. 운동을 하면서 효과적으로 근육을 만들기 위해서는 불필요한 지방을 제거해야 한다. 주변을 정리하면서, 삶에서 의미 없는 관계와 불필요한 감정을 정리해 나가라. 이 과정에서 당신은 진정으로 소중한 사람들과의 관계를 강화하고, 삶의 질을 높일 수 있다.

정리는 목표를 분명하게 만든다. 무엇을 위해 싸우고 있는지, 어디로 나아가야 하는지를 명확히 보여준다. 체계적으로 운동 계획을 세우고 매일 꾸준히 실천하는 것처럼, 인간관계에서도 불필요한 사람들을 정리하고 중요한 사람들과의 관계에 집중 하라. 이렇게 하면 진정으로 중요한 것에 더 많은 에너지를 집 중할 수 있다.

임원직을 그만둔 후, 나는 완전히 새로운 커리어를 만들며 살아가고 있다. 전혀 다른 분야의 일을 하고 있지만 그때나 지금이나 같은 게 하나 있다. 다른 사람들의 이야기를 많이 듣게 된다는 것이다. 회사에 있을 때는 직원들의 고민을 들었다면, 이제는 무브먼트 지도를 받는 제자들의 고민을 접한다. 사람들은 누구나 성공하고 싶고 성장하고 싶어 한다. 하지만, 이런저런 이유들이 그들을 붙잡고 있다.

영업총괄 임원을 맡았을 당시 나는 공식적인 회식이나 접대가 아닌 이상 사사로이 직원들과 술자리를 만들지 않았다. 그렇기 때문에 술자리를 통해 비공식적인 '형, 동생' 하는 관계를 만들지 않았다. 오히려 그렇게 접근하는 부서장이나 직원은 부담스러워하며 거리를 두었다. 나 역시 사람이기에 술자리에서 기분 좋은 언행을 하는 직원들에게 호감을 갖는다. 하지만 그 감정이 업무능력으로 연결되지 않을 경우에는 좋았던 생각이 오래 이어지지 않았다.

내 중요한 평가 기준은 평소 업무 자세와 실적 그리고 중요한 프로젝트가 있을 때 책임감 있게 대처하는 능력이다. 글로벌 물류사업은 서비스업이다. 사건 사고는 언제 어디서 터질지 모르고, 고객에게 적시에 상황을 업데이트하고 적극적으로 대응하는 능력은 매우 중요하다. 영업, 핵심고객(Key Account) 관리 그리고 고객서비스까지 담당하는 부서의 특성상 조용할 날이 없었다. 중요한 입찰이 있을 때면 밤을 세우며 준비하는 것은 기본이며, 해외에 어떠한 문제가 발생하면 언제라도 고객과 지속적인 연락망을 유지하며 책임을 다하는 일은 흔한 일이다. 아무리 술자리에서 아첨을 해봐야, 맡은 바를 제대로 해내지 못하면 빵점인 것이다. 여기에는 평소의 친분이나 성별의 문제는 있을 수 없다. 누가 가장 일을 잘해내느냐, 그것이 중요할 뿐이다.

내가 영업총괄 임원으로 승진하며 조직개편이 단행됐을

당시 차장급 여자 직원이 있었다. 아직도 기억이 생생하다. 할 말이 있는 듯 몇 번의 회식 자리에서 주저하더니, 하루는 내게 직설적으로 물었다.

"제가 남자 직원들만큼 승진할 수 있을까요?"

그녀의 질문에 내 대답은 이러했다. 나는 남자 직원, 여자 직원 따지지 않는다. 누구든 일을 잘하면 승진할 것이고 차차 능력과 기여도에 걸맞는 연봉을 받게 해줄 것이라고. 당시에는 연공서열의 월급체제였는데 영업부서는 총괄인 내가 직원 연봉관리 권한까지 갖게 되어 팀장급 직원들의 연봉을 각각의 능력과 시장수준에 맞춰 조정해줬다. 주요 팀장 2명에게 각각 15%, 30% 인상을 해낸 터라, 그녀에게 헛된 희망을 주는 것이 아니었다. 지금 되돌려 생각하면, 여러 차부장급들 중 그녀는 단연 상위에 있었다. 그녀는 아이의 엄마이자 프로페셔널한 직장인으로 대다수 남자 직원들이 해내지 못하는 많은 일을 해냈다. 새로운 아이디어 제안은 물론, 당시 회사가 경험이 부족해 진입하기 어려웠던 시장에도 발을 들여놓게 했다. 그 시장의 유력한 고객도 유치하는 쾌거도 올렸다. 아쉽게도 나는 회사를 떠나면서 그 직원을 더 이상 응원할 수 없었지만, 9년이 지난 지금 내 자리로 승진했다는 소식을 들었다. 그녀가 그렇게 성장할 수 있었던 이유는 '주변 정리'가 핵심적이었다고 나는 생각한다. 그 직원은 시부모를 극진히 모신다고 들었다. 그런 그녀를 시부모는 적극 지원해주며, 가사 및 자녀교육을 도왔다고 한다. 그 직원은 포기한 것도 분명 많았을 것이다. 하지만 그녀의 목표는 회사에서의 성공이었기에 자기가 처한 환경에서 불필요한 것들을 정리하고 목표에 매진했을 것이다. 영업총괄 임원의 자리를 노리는 부장급들이 즐비했었지만, 그녀는 우뚝 선 것이다. 얻을 것을 위해 불필요한 것을 과감하게 잘라낸 결과다.

나에게 지도를 받는 제자들 과반수가 5년 이상 나와 함께 수련했다. 많게는 8년이 되어가는 제자도 있다. 엄청난 끈기와 진념이 아닐 수 없다. 각자 삶이 있고 직업이 있지만, 주변을 잘 정리하지 않고서는 쉽지 않은 일이다. 월요일에서 토요일까지 나와 함께하는 2시간의 수련시간을 만들어내고 빠짐 없이 출석한다는 것은 보통의 신념이 아니고서는 불가능한 일이다. 지금은 모두 일반인으로서는 정말 대단한 신체적 능력을 가지게 되었다. 운동선수 출신도 아니고 어렸을 때 운동에 많이 익숙했던 사람도 역시 아니다.

6년 전에 한 50대 전업 주부가 나를 찾아왔다. 조금만 움

나이들수록
매달려야 하는 것들

직여도 아프지 않은 곳이 없어서 매번 운동을 하면 손목, 팔꿈치, 허리, 무릎 등이 아팠던 터라 얼마 되지 않아 그만둘 것으로 예상했다. 무엇에 이끌렸는지, 그녀는 하루 2시간을 투자하기로 결심했고, 집안에 큰 일이 있지 않는 한 단 한 번도 결석하지 않았다. 지금은 60을 바라보는 그녀가 풀업, 푸시업, 물구나무를 서고 있다. 2시간의 강도 높은 수련이 이제는 너무 익숙해져 있다. 당연히 아프고 불편한 곳은 어디에도 없고, 부상도 한 번 입지 않고 6년이라는 세월을 수련에 투자했다.

초창기 대화가 기억난다. 그녀는 이렇게 질문했다.

"이렇게 아픈 곳도 많고 수업도 잘 따라가지 못하는 것 같은데, 저도 좋아질 수 있나요?"

나는 확신을 가지고 말해줬다. 과거 술과 담배에 절어 지내던 흔한 직장인이었던 내가 지금의 나로 변모할 수 있었던 이유는 꾸준함밖에 없다고 내 대답을 들은 그녀는 그 이후로 평소에 하던 다른 여가 활동 전부를 정리했다. 오로지 수련과 가사가 그녀의 루틴이 되었고, 수련으로 인해 피곤해진 몸을 회복하기 위해 잠도 많이 자게 되었다. 평소 삶에서 늘 찾아오던 불필요한 걱정거리와 시간낭비는 사라졌다. 삶이

간결해진 것이다. 단조롭지만 심심하지 않은 꽉 차고 충족한 삶을 그녀는 누리고 있는 것이다. 몇 개월 전 그녀는 부친상을 겪었다. 그 전후로 복잡한 가족 간의 갈등으로 어려운 시간을 보내고 있었지만 수련을 계속 이어갔다. 어느 날 그녀는 눈물을 흘리며 말했다. 수련을 계속 이어가고 있었기에 어려운 시기를 잘 극복할 수 있었다고. 그녀가 어려움을 담담하게 극복해낼 수 있었던 이유는 과연 무엇일까? 내가 해준 것은 별로 없다. 오랜 기간 수련을 해오는 과정 속에 그녀의 삶은 분명히 잘 정리돼 왔을 것이다. 불필요한 노이즈에 노출돼 갈팡질팡 하지 않고 무겁고 조용한 자기만의 길을 걸었을 것이다. 그리고 6년이라는 시간을 거치면서 그녀가 삶을 그리고 자신을 바라보는 관점이 더욱 견고하게 그녀를 지켜줬을 것이다.

나는 믿는다. 잃는 것이 두려워 잘라내지 못하고 정리하지 못하면, 주체적인 삶을 살아가기 힘들다는 것을. 부모의 도움도 정리 대상이다. 나이 오십이 되어도 아직 부모님 그늘에서 벗어나지 못해 자기의 삶을 제대로 살지 못하는 이들을 많이 본다. 정리해보면 알 것이다. 처음에는 '내가 무슨

짓을 한 거지?'라는 생각이 들겠지만, 바로 그때부터 진정 나의 삶은 시작되는 것이다. 두렵다면 작은 것부터 정리해보자. 진정한 자유를 느낄 것이다.

시작은 반이 아니라 전부다

완벽을 추구하는 건 좋지만, 시작조차 못 하는 건 자신을 망치는 길이다.

세상에는 시작하지 않으면 절대 알 수 없는 것들 투성이다.

부족함 속에서도 배우고 성장할 수 있다.

기회를 놓치는 건 완벽을 기다리기 때문이다.

아무리 철저히 준비해도 예상치 못한 일은 생긴다.

처음엔 부족한 게 당연하다. 중요한 건, 시작하고 실수를 통해 배우며 성장하는 것이다.

운동도 마찬가지다.

완벽한 자세와 능력이 시작부터 나올 리 만무하다.

그냥 시작하자. 그리고 꾸준히 하자.

꾸준함이 결국 완벽을 만든다.

두려움과 실패에 대한 걱정으로 시작조차 하지 않는다면, 아무것도 얻을 수 없다.

완벽주의를 내려두자. 과정을 즐겨보자.

부족한 시작이 사실은 가장 큰 발걸음이다. 일단 해보자.

13   완벽주의 내려놓기

완벽주의를 내려놓는 여정은 쉽지 않았다. 54세, 이 나이에 소셜미디어를 '제대로' 해보겠다고 마음먹었을 때만 해도 나는 얼마나 많은 고민을 했는지 모른다. 새로운 마음으로 영상을 업로드하기 1년 전부터 소소하게 올린 적은 있지만 뭔가 잘해보겠다는 마음으로 소셜미디어를 하게 될 줄은 몰랐다. 20년 넘게 해운업과 물류업에 종사하며 열심히 일하고 자기계발을 위해 노력했다. 남들이 좋아하는 유튜브와 TV도 멀리했던 내가 갑자기 소셜미디어라니. 처음엔 주변의 이야기에 귀 기울이지 않았다.

"요즘 세상에 SNS 없이 어떻게 자기를 알려요?"

나이들수록
매달려야 하는 것들

"트렌드에 뒤처지면 안 돼요."

남들에게 이런 말을 들어도 나는 받아들이길 거부했다. 그러다 우연히 50대 중반의 한 유튜버를 보게 됐다. 그는 자신의 일상과 건강관리 팁을 공유하며 많은 이들에게 긍정적인 영향을 끼치고 있었다. 그 모습을 보며 문득 생각했다.

'저 정도면 나도 할 수 있을 것 같은데?'

하지만 시작은 쉽지 않았다. 유지만 해오던 계정에 의미를 담은 첫 게시물을 올리기까지 꼬박 1년이라는 긴 시간이 걸렸다. 몇 년간 운영해오던 계정은 나의 수련과정과 성장과정을 기록하며, 가끔 하고 싶은 말이나 직설적인 말을 적는 데 활용되고 있었다. 포스팅은 일주일에 한 번이나 한 달에 한 번 대중 없이 운영되고 있었지만, 내가 편한 대로 하고 있었던 만큼 불편한 마음은 없었다. 하지만 새롭게 소셜미디어를 제대로 해보겠다는 결심을 하자 내게 맞지 않는 옷을 입는 느낌이 들었다. 쉽지 않았다. 무엇을 올려야 할지, 어떤 말을 해야 할지 고민에 고민을 거듭했다. 완벽한 첫인상을 남겨야 한다는 강박관념에 사로잡혀 있었다.

그러던 어느 날, 아침 산책을 하다가 문득 생각이 들었다. 내 나이 54세에 가장 소중한 것이 무엇일까? 바로 맑은 공기를 마시며 몸에 불편함 없이 걸을 수 있는 건강과 소소한 일상의 행복이었다. 그리고 나는 결심했다. 더 이상 미루지 말고 있는 그대로의 나를 보여주자고. 첫 게시물의 주된 내용은 '54세, 일상과 건강의 소중함을 깨닫다'였다. 그리고 정말 중요한 것은 '우리 모두 절대! 늦지 않았다는 것'이었다. 내가 평소에도 꾸준히 하는 운동 그리고 항상 해오던 생각을 영상에 글로 적어 올렸다. 대중의 반응이 어떨지 궁금한 마음으로 '게시' 버튼을 눌렀다. 반응은 생각보다 훨씬 뜨거웠다. 그 게시물이 바로 나를 무천도사라고 부르는 댓글이 수백 개 달린 게시물이다.

"저도 요즘 건강의 소중함을 깨닫고 있어요."

"앞으로의 게시물이 기대돼요!"

이런 댓글들이 달리기 시작했다. 심지어 20대, 30대 젊은 층에서도 관심을 보였다.

"우리 아버지뻘인데 이런 몸이 가능하다니! 저도 시도하겠습니다!"

이런 응원과 염원이 담긴 메시지들이 달렸다. 그렇게 조금씩 소셜미디어에 적응해갔다. 운동과 건강에 관한 나의 생각 그리고 일상을 공유하고, 가끔은 회사생활을 했을 때 나

넓으면 했던 생각들도 올렸다. 물론 실수도 많았다. 분명 체크를 많이 했다고 생각했지만, 오타도 많이 나고, 어색해 보이는 영상이 올라갈 때도 많았다. 그래도 괜찮았다. 오히려 그런 실수가 나를 더 인간적으로 보이게 만든 것이라 생각한다. 점차 '웰니스와 건강한 노화'라는 주제로 내 콘텐츠가 모이기 시작했다. 단순히 운동과 식단에 내한 이야기를 넘어, 나이가 들어감에 따른 신체적·정신적 변화들 그리고 그것을 긍정적으로 받아들이는 법 등을 공유했다. 내가 겪은 어려움과 극복 과정을 솔직하게 나누자, 많은 이들이 공감하고 위로 받았다고 말해왔다.

지금 내 계정은 3만 팔로워를 넘어섰다. 물론, 대단한 숫자는 아니지만 최대한 자주 스토리를 통해 일상을 공유하고, 구독자 대상 콘텐츠도 발행을 하고 있다. 50대, 60대뿐만 아니라 젊은 세대들도 건강한 노화에 대해 관심을 갖고 참여하는 모습을 보면 가슴이 뿌듯하다. 물론 여전히 어려움은 있다. 새로운 기능이 추가될 때마다 적응하는 데 시간이 걸리고, 가끔은 비꼬는 듯한 댓글에 눈살이 찌푸려지기도 한다. 하지만 이런 과정 속에서 나 역시 성장하고 있다는 걸 느낀다. 디지털 리터러시가 향상됐고, 비판을 대하는 자세도 성숙해졌다.

이 모든 경험을 통해 깨달은 점이 있다. 완벽을 추구하는 건 좋지만, 시작조차 못 하는 건 자신을 망치는 길이라는 것. 세상에는 시작하지 않으면 절대 알 수 없는 것들이 너무나 많다. 부족함 속에서도 우리는 배우고 성장할 수 있다. 53세에 처음 시작한 소셜미디어가 1년 만에 이런 변화를 가져올 줄 누가 알았을까. 새로운 도전에 대한 두려움은 누구나 가지고 있다. 하지만 그 두려움에 굴하지 않고 첫 발을 내딛는 용기, 그것이 중요하다. 완벽하지 않아도 괜찮다. 실수해도 괜찮다. 그 과정 자체가 우리를 성장시키고, 더 나은 나로 만들어주는 것이다.

지금도 나는 매일 아침 카메라 앞에 서기 전에 어색함을 느낀다. 하지만 이제는 안다. 그 떨림이 있기에 내가 살아 있는 것이고, 더 나은 모습으로 성장하게 만든다는 것을. 그리고 오늘도 나는 카메라를 향해 편하게 미소 지으려 노력한다.

"조금 더 일찍 시작할 걸 그랬네."

이런 후회는 그만 하자.

썩은 것을 버려야 좋은 것이 살아남는다

인생에서 나쁜 습관, 부정적인 감정, 불필요한 관계는 우리의 행복과 성장을 방해한다.

운동처럼, 인생에서도 불필요한 것을 제거하고 중요한 것에 집중해야 한다.

건강이라는 목표를 이루려면 잘못된 식습관을 버리고, 신선한 채소와 단백질로 식단을 바꿔야 한다.

마찬가지로, 인생에서도 나쁜 습관과 해로운 관계를 제거해야 한다.

부정적인 생각은 우리를 무겁게 하고, 긍정적인 삶을 방해한다. 이를 떼어내고 긍정적인 생각으로 채워라.

자신을 괴롭히는 감정은 내려놓고, 지지와 응원을 주는 관계를 선택하자.

나쁜 습관도 버려야 한다.

게으름과 나태함은 삶을 방해한다. 규칙적인 운동과 건강한 식습관을 통해 긍정적인 변화를 만들어라.

결국, 좋은 것을 얻으려면 나쁜 것을 떼어내야 한다.

힘든 과정일지라도 그만큼 가치 있다.

불필요한 것을 버리고 진정으로 중요한 것에 집중하자.

14 나쁜 습관 내려놓기

이 이야기는 내가 열두 살 때 자이레에서 지내던 시절의 일이다. 건강하던 아버지가 어느 날 급격하게 몸이 안 좋아지셨고, 응급하게 병원으로 모셔야 할 일이 있었다. 유선 전화도 자주 끊기는 곳이어서 응급차를 기대할 수 없는 현실이었다.

그때 나는 아버지의 관용차 기사인 현지인에게 부모님 몰래 운전을 배우고 있던 참이었다. 어머니가 싸주신 점심 샌드위치를 교습비 명목으로 지불하고 넓은 학교 캠퍼스에서 운전 연습을 했었다. 열두 살인 나는 용기를 내어 아버지와 어머니를 설득해 차를 몰고 한국인 의사가 있는 자택이자 병원으로 향했다. 그리고 아버지의 상태를 확인한 한국인 의사는 곧바로 자이레의 수도 킨샤사에서 제일 큰 병원으로 모셔 갔다. 그러나 그 병원은 의료 장비가 거의 없는 아주 낡은 곳이었다.

당시 1983년, 자이레에 내전이 끝난 지 얼마 되지 않은 시기였는데, 내전 동안 대부분의 외국인들은 피난을 떠났고, 많은 공공시설들은 그동안 방치돼 제대로 기능하지 못하고 있었다. 병원은 침대와 몇몇 간단한 의료 도구들 그리고 의사와 간호사만 있을 뿐이었다. 아버지는 약 일주일 동안 그 병원에 입원해 계셨지만, 제대로 먹지도 마시지도 못하고, 대소변도 힘든 상태였다. 진단 결과는 급성 췌장염이었는데 아버지의 배는 볼록하게 점점 커지고 있는 매우 위급한 상황이었다.

어떠한 조치도 할 수 없는 암담한 하루하루가 지나던 중, 평소 친분이 두터웠던 프랑스 국방무관이 아버지의 상태를 알게 되어, 본국과 협의하여 프랑스 파리에 있는 발드그라스 군 병원으로의 긴급 후송을 도와주었다. 이 병원은 프랑스 대통령을 비롯해 외국의 최고위 지도자들도 찾는 매우 권위 있는 종합병원이다. 아버지는 약 8시간의 비행 끝에 파리로 후송되었고, 병원에 도착하자마자 신속한 검사를 받고 즉시 개복수술을 받으셨다. 수술을 집도한 의사에 따르면, 1리터 이상의 염증액이 자연적으로 생성된 보호막 안에 갇혀 있었고, 조금만 늦었어도 복막염으로 사망할 수 있었다고 한다. 아버지의 배는 염증액으로 가득 차 부풀어 있었던 것이다. 당시 프랑스에서는 급성 췌장염으로 인해 병원에 도착하기도 전에 사망하는 경우가 많다고 하는데 정말이지 운이 좋은 희귀 케이스였다고 한다. 아버지는 젊을 때부터 음주를 즐기셨고, 자이레에서도 그 습관은 계속되었다. 결국 그로 인해 생사를 넘나드는 경험을 하신 것이다. 그때 아버지가 건강을 회복하지 못하고 돌아가셨더라면, 나는 아버지 없이 자라야 했을 것이다. 가끔 그 생각이 떠오르면, 내 인생이 어떻게 달라졌을지 상상해보곤 한다. 그럴 때면 늘 안도감과 감사한 마음이 들게 된다.

그 후 아버지는 군에서 예편하고, 방위산업 분야에 사업을 10여 년간 하셨는데 은퇴 후 어머니와 함께 캄보디아에서 약 1년 반 정도 봉사활동을 하셨다. 그러던 어느 날, 소변에서 피가 섞여 나오는 것을 보고 급히 귀국해 검사를 받았는데 결과는 방광암이었다. 일반적으로 방광암은 증상이 늦게 나타나 병원을 찾았을 때 이미 병이 많이 진행된 경우가 많지만, 아버지는 천만다행으로 초기 증상을 알아차려 수술을 성공적으로 마쳤다. 더운 지방에 살면 땀을 많이 흘리게 되고, 그만큼 수분 섭취도 충분히 해줘야 한다. 그런데 평소에 물을 잘 드시지 않는 아버지의 습관이 병을 키우는 데 영향을 주었을 것이라 추측한다. 천만다행인 것은 아버지는 고혈압에 좋다는 아스피린을 매일 반 알씩 복용하셨는데, 이 약이 피를 얇게 하는 효과가 있어 "소변에서 피를 빨리 확인할 수 있었던 것"이라고 의사는 말했다. 정말 운이 좋은 케이스라고 했다.

자이레와 캄보디아에서의 두 사건은 우리 가족 모두에게 큰 위기였다. 너무나 다행히 하늘이 도운 듯이 아버지는 두 번이나 목숨을 건지셨다. 이후 아버지는 무척 건강을 신경 쓰신다. 그리고 최근 들어 자주 이런 말씀도 하신다.

"이걸 먹으면 어디에 좋다더라."

"이 제품이 좋다더라."

몸에 좋은 음식, 제품이 분명히 있겠지만, 나는 아버지께 말씀드린다. 특정 음식이나 영양제를 챙겨 드시는 것보다 일상 속에서 건강한 습관을 지켜나가는 것이 훨씬 중요하다고.

충분한 수면, 영양 섭취, 수분 섭취 그리고 휴식이다. 신문이나 방송에서는 매일같이 노인들에게 좋다는 음식이나 보충제가 쏟아져 나오듯이 홍보되지만, 사실 술을 끊고 수분 섭취를 잘하는 것만으로도 생명을 구할 수 있다는 사실은 지극히 단순한 사실인 것이다. 그래서 나는 매일 건강을 챙기기 위해 노력하고, 좋은 습관을 만들고 유지하려 애쓴다.

아직은 내가 죽는 날을 통제할 생각도 용기도 없다. 하지만 어떻게 살지에 대한 생각과 용기는 있다. 그래서 최소한 내가 살아있는 동안은 내 몸과 정신이 온전하게 내가 의지대로 이 세상에 머물 수 있게 나를 지켜내려 할 것이다.

규칙적인 생활이

흔들리지 않는 몸을 만든다.

습관이 인생을 결정한다.

매일 매달리는

규칙적인 삶은 기적을 만든다.

험담은 달콤한 독이다

남을 깎아내리는 대신 자신을 높이는 데 집중해야 한다.

험담은 달콤한 독과 같다.

순간의 쾌감을 줄지 모르지만, 결국 당신을 갉아먹을 뿐이다.

남의 험담을 하는 순간, 당신은 자신의 가치를 떨어뜨리고 있
는 것이다.

험담 대신 긍정적인 대화에 집중하자.

긍정적인 마인드는 당신의 삶을 변화시키는 강력한 무기다.

자신과 타인의 장점을 찾고 칭찬하는 습관을 들여라.

당신의 인간관계를 개선하고 자신감을 높여줄 것이다.

말로만 하지 말고 행동으로 보여줘라. 험담을 하는 자리에 끼
게 되면 과감히 자리를 피하거나 화제를 돌려라.

매일 저녁 자신을 돌아보는 시간을 가져라.

오늘 하루 누군가를 험담했는지, 또는 험담의 자리에 동참했는
지 점검하라.

실수했다면 인정하고 내일은 더 나은 사람이 되기로 다짐하라.

험담 대신 감사할 것들을 찾아라.

매일 아침 감사한 일 세 가지를 적어보는 습관을 들여라. 감사의 마음은 당신의 시선을 긍정적인 방향으로 돌려줄 것이다.

험담은 관계를 해치는 독이다.

진정한 친구는 험담이 아닌 서로의 성장을 돕는다.

서로를 높이고 격려하는 관계를 만들어라.

건강한 삶은 남을 깎아내리는 것이 아니라 자신을 끊임없이 발전시키는 것이다.

험담의 유혹을 뿌리치고 당당히 앞으로 나아가라.

15 부정적인 말 내려놓기

내 아내는 유튜브를 전혀 보지 않는다. 많은 사람들에게는 이 말이 신기하게 들릴지도 모른다. 요즘, 유튜브는 정보와 오락을 쉴 새 없이 제공하는 매체로 자리잡았기 때문이다. 그러나 아내는 유튜브가 너무 자극적이고, 불필요한 정보와 비전문가의 의견이 넘쳐난다는 이유로 불편함을 느낀다. 그 대신에 아내는 책을 읽거나 음악을 들으며 시간을 보내는 것을 더 선호한다. 이러한 아내의 선택은 나에게 신선한 충격을 준다. 나에게 유튜브는 세상을 배우고 탐구하는 중요한 창구이기 때문이다.

나는 주로 종합격투기(MMA) 관련 콘텐츠 그리고 조 로건

(Joe Rogan)의 팟캐스트를 즐겨 본다. UFC 등은 최신 경기 소식과 선수들의 이야기를 들을 수 있는 흥미로운 매체다. 조 로건의 팟캐스트는 다양한 주제에 대한 논의를 제공하며, 다양한 분야의 전문가들이 출연해 내가 미처 몰랐던 세상의 면모를 보여준다. 그의 방송은 현재 돌아가는 세상에 대한 다양한 시선을 던져주며 새로운 시야를 넓혀주기 때문에 특히나 매력적이다.

유튜브는 많은 유익한 정보를 제공하며 우리가 지식을 넓히고 새로운 것을 배우는 데 큰 도움을 주지만, 이 플랫폼이 항상 긍정적인 경험만을 주는 것은 아니다. 특히, 알고리즘이 추천하는 영상들 중에는 눈살을 찌푸리게 만드는 것들이 많다. 그중에서도 남의 험담을 일삼는 콘텐츠는 매우 불쾌하다. 이러한 험담 영상들은 타인의 사생활을 지나치게 침해하며, 그들의 개인적이고 사적인 측면을 공론화하는 데 주저함이 없다. 이러한 영상들은 근거 없는 비난과 중상모략으로 가득 차 있으며, 사실 확인도 없이 단순히 자극적인 정보를 퍼뜨리는 데 주력한다. 이는 단순한 비판을 넘어서는 행위로, 개인의 명예를 심각하게 훼손하고, 타인을 불필요하게 괴롭힌다. 이러한 콘텐츠는 부정적인 에너지를 대량으로 퍼뜨리며, 시청자들에게 부정적이고 극단적인 감정을 불러일으킨다. 험담과 비난이 난무하는 영상들은 시청자들 사이에 불필요한 갈등과 적대감을 조장하며, 사회 전반에 악영향을 미친다. 이들은 공감과 이해보다는 혐오와 분열을 선동하며, 건설적인 논의보다는 파괴적인 논쟁을 일으킨다.

나도 호기심에 이 험담 영상들 중 하나를 클릭해본 경험이 있다. 영상 속에서는 유명인의 사소한 행동 하나하나를 분석하며 비판하고 있었다. 그들의 의도를 추측하고 억측하는 모습은 참으로 불쾌했다. 나는 영상을 보는 내내 불쾌함을 느꼈고, 결국 영상을 끝까지 보지 않았다. 이러한 콘텐츠가 왜 인기를 끄는지, 그리고 왜 사람들이 이러한 부정적인 에너지를 소비하는지에 대해 깊이 고민하게 되었다. 이러한 영상들은 단순한 오락을 넘어서, 사람들에게 무의미한 갈등과 스트레스를 초래하며, 사회적 신뢰를 무너뜨리는 역할을 한다는 결론에 이르렀다.

얼마 전 나는 아내와 이야기를 나누면서 아내는 얼마나 평화롭고 차분한 삶을 살고 있다는 것을 새삼 느꼈다. 그녀는 유튜브 대신 책을 읽고 산책을 하며 사색을 즐긴다. 정보의 홍수 속에서 자신만의 길을 찾고 그 길을 걸어가는 데 집

중한다. 아내의 일상은 마치 바쁜 세상 속에서 고요한 오아시스를 발견한 것처럼 보인다. 그녀의 삶에는 자신의 일, 전문분야 공부, 나와의 잦은 대화, 운동, 산책이 전부다. 나도 유튜브를 완전히 끊을 수는 없지만, 아내의 영향을 받아 점점 더 신중하게 콘텐츠를 선택하게 되었다. 이제는 단순히 흥미 위주나 지극적인 콘텐츠보다는, 나에게 진정한 가치를 줄 수 있는 콘텐츠를 찾고자 노력한다. 과학 다큐멘터리나 역사 관련 영상 또는 심리학과 철학에 대한 강연 등을 즐겨 본다. 이러한 콘텐츠들은 나에게 새로운 지식과 통찰을 제공하며, 삶을 더욱 풍요롭게 만들어준다. 이러한 변화는 내가 정보를 소비하는 방식을 완전히 새롭게 만들었다.

결국, 우리는 모두 자신만의 방식으로 정보를 소비하고, 삶을 살아간다. 중요한 것은 우리가 어떤 정보를 선택하고, 그것을 어떻게 활용하는가이다. 유튜브라는 방대한 정보의 바다 속에서 우리는 자극적이고 불필요한 정보에 휘둘리기 쉽다. 그러나 나는 이제 신중하게 선택하고, 자신만의 길을 걸어가는 것이 필요하다는 것을 깨달았다. 그리고 무엇보다 중요한 것은 타인의 험담을 멀리하는 것이다. 험담은 우리를 더 나은 사람이 되게 하지 않으며, 오히려 우리 자신을 불행하게 만들 뿐이다.

이제 나는 유튜브를 통해 선별된 분야의 정보만 얻을 뿐만 아니라, 아내와 함께 책을 읽고 대화를 나누며 더 깊이 있는 소통을 하려 한다. 내 정보 소비 습관도 점점 더 건강하게 변하고 있다. 나는 점점 더 평화롭고 차분한 삶을 향해 나아가고 있다.

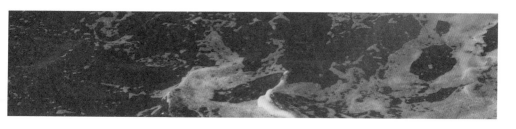

붙잡기

매달려야 힘이 되는 것들

나이가 들수록 매달려야 하는 것

나이가 들수록 매달려야 하는 것이 있다.

사람에 매달리면 지친다.

물질에 매달리면 피폐해진다.

행복에 매달리면 현재가 불행하다.

나이가 들수록 매달릴 것은 하나.

'철봉'이다.

매달리면 바로 무거움이 느껴진다.

이 무거움이 가벼워지려면 매달리기가 늘어야 한다.

하루 30초로 시작하자.

시간이 늘면 좌우로도 흔들어보자.

아이가 놀이하듯 흔들어보자.

흔들어도 잘 버티기 시작하면 한 팔로도 거뜬히 버려진다.

한 팔에 내 몸이 매달리면 무거운 어깨가 더 잘 느껴진다.

매달리기를 통해 우리는 많은 것을 얻는다.

즉각적으로 몸의 변화가 온다.

어깨가 편해지고, 온몸이 스트레칭된다.

길게는 삶이 보인다.

스스로를 지탱할 수 있는 힘은 하루아침에 오지 않는다.

매일 밥 먹듯이 매달리면, 작은 틈만 있어도

나를 매달 수 있는 힘이 생긴다.

꾸준함을 이길 순 없다.

길게는 삶이 보인다.

스스로를 지탱할 수 있는 힘은 하루아침에 오지 않는다.

매일 밥 먹듯이 매달리면, 작은 틈만 있어도

나를 매달 수 있는 힘이 생긴다.

꾸준함을 이길 순 없다.

돈

대학 졸업 후 H해운에 입사했다. 9년간 본사와 영업지점을 오가며 차근차근 영업 및 마케팅 업무를 수행했다. 그러다가 큰돈을 벌 기회가 생겼다. 내게 익숙한 분야는 아니었지만, 놓치기엔 아까운 기회였기에 고민 끝에 다니던 회사를 그만두고 새로운 도전을 했다. 당시 서울에서 집값 상승을 주도하며 화제가 되었던 잠실지역 대형 재개발 단지와 관련된 설비사업이었는데, 예상 매출이 1,000억 원이 넘는 사업 기회였다. 하지만 내 사업의 결과는 좋지 못했다. 그렇다. 큰돈을 벌겠다는 꿈은 현실화되지 못했다. 당시를 돌아보면,

나는 돈이라는 유혹 속에 젖어 살면서 접대와 허세를 위해 수백, 수천을 지출하는 게 일상이었다. 나는 돈에 현혹되어 있었고, 마치 이미 큰 성공을 한 듯 살아가고 있었다. 그렇게 허황된 꿈에 젖어 흥청망청 시간을 보내던 어느 날, 모든 신문 1면에 '잠실재개발단지조합 비리' 사건 기사가 뜬것이다.

그 여파는 내게 참으로 엄청났다. 돈에 눈이 멀고, 돈만 생각하던 나는 한순간에 모든 것을 잃어버렸다. 그때 맞이하게 된 현실은 내가 그리던 미래와 너무 괴리가 큰 나머지 앞으로의 삶이 암담하기 그지없었다. 더 정확히 말하면 생각하기도 싫었다. 시간이 흐른 요즘, 그때를 떠올리면 이런 생각이 든다. 만약 사업이 성공했다면 현재의 내가 알아보지도 못할 패륜아가 되었을 것이라고. 사업의 실패가 무척 교훈이 되었다고 나는 생각한다. 과장된 망상일지 모르겠으나 알콜중독자가 되었거나, 허망하게 전 재산을 날리고 한강대교 위에 서 있었을지도 모른다. 어쨌든 끝이 좋지 않았을 것이다. 짧은 기간에 큰 노력 없이 이뤄낸 거대한 부를 온전하게 소화해낼 그릇이 나에게는 없었다. 지금의 나는 그 점을 분명히 알고 있다. 원래 내게 있지도 않았던 돈이지만, 앞으로 영영 나에게 이런 부귀영화는 오지 않을 것이라는 생각이 주는 박탈감은 나를 피폐하게 만들었다. 나는 배웠다. 큰돈은 강력한 어둠의 힘을 가졌다는 것을. 자신의 그릇을 모르고 큰돈에 집착하면 한 사람의 인생은 쉽게 망가진다는 것을.

성공

6개월 동안 백수로 지내면서 허망했던 꿈의 여운을 곱씹으며 하루하루 헛되이 보냈다. 그러던 어느 날 컴퓨터 게임을 하던 중 아무 생각 없이 본 거울에 비친 내 모습에 정신이 번쩍 들었다. '김희재, 지금 뭐하고 사는 거냐?'라는 생각이 들며 너무나 한심하게 느껴졌다. 그렇게 정신을 차리고 예전에 종사하던 관련 업종의 구인공고를 보고 바로 지원서를 제출했다.

외국계 물류회사의 영업팀 차장으로 근무하게 되었으나, 새로운 영업 환경에서 적응하는 것은 말 그대로 '맨땅에 헤딩'이었다. 그래도 다시는 그 거울에 비친 한심한 모습을 보고 싶지 않았기에, 이를 악물고 노력하며 버티고 나가던 중, 인도네시아 지사의 영업팀장 자리를 제안받았다. 입사 후 2년 차에 일어난 이 제안 자체는 너무나 흐뭇한 일이었으나, 연봉이 기대에 한참을 못 미치는 금액이었다. 커리어를 쌓기 위해 좋은 기회임은 분명하지만, 숫자를 보았을 때는 오퍼를 거절하는 것이 맞았다. 당장 나의 현실을 쥐고 흔들 눈앞의 돈이냐, 먼 미래를 바라볼 것인가? 한국 지사에 남는다면, 당분간 안정적인 삶이 보장되는 대신 수많은 영업직원 중 한 명으로 존재감 없이 남게 될 가능성이 높았다. 반면, 해외로 진출한다면 불확실성이 높지만 기회는 분명 있을 것이라 생각했다.

나는 용기를 내어, 당장의 경제적 안정보다는 불확실하지만 무한한 가능성을 선택하기로 결정했다. 이후 나는 3년간 인도네시아에서 근무하는 동안 2차례 승진하며 연봉 인상을 얻어냈고, 당당히 한국법인에 핵심고객(Key Account) 담당 영업팀장으로 복귀하는 믿지 못할 결과를 얻게 되었다. 그리고 거기에 멈추지 않고 귀국 2년 후 영업조직 개편을 거친 후 2개의 영업팀과 고객서비스를 총괄 관리하는 역대 최연소 상무에 오르기까지 했다.

당시 내가 적은 연봉을 이유로 그 기회를 잡지 않았다면 어디까지 성공할 수 있었을까? 상상할 수도 없는 일이다. 사업의 실패 그리고 그 이후 새로운 도전이 나에게 준 교훈을 늘 감사하게 생각한다. 분명한 것은 돈 욕심은 판단력을 흐리게 만든다는 것이다. 돈은 내가 이루고자 하는 목표의 도구로서만 활용해야 하지 절대 내 삶의 목적이 되어서는 안 된다. 머리로 알면서도 실제 그런 상황에 놓이면 약해질 수밖에 없는 것이 현실이다. 다만, 같은 실수는 피하는 지혜와 의지를 갖기 바란다.

사람

사업 실패 후 인도네시아에서 한국으로 복귀하기까지 다사다난했던 나의 삶 속에 의미 있는 인연은 쉽게 나타나지 않았다. '결혼은 나의 미래에 없다'고 결심한 상태였기에 연애에 대한 관심은 포기한 시기를 한참 보냈다. 점점 시간이 흐를수록 좋은 사람을 만날 수 있다는 기대는 나의 삶과 멀어져 갔다. 그러다 어딘가에서 들었던 문구가 기억났다. 사랑을 찾는 데 시간을 허비하지 말고, 오히려 자신을 사랑하고 아껴주고 가꾸다 보면 어느새 더 나은 버전의 자신이 되어 있을 것이고, 이를 알아봐 줄 사람이 나타날 것이라고. 나는 정말 충실히 이를 행했던 것 같다. 연애에 소질이 없는 나에게는 선택의 여지가 없었기 때문이다.

꾸준히 운동하고 건강한 식생활을 위해 노력했다. 회사에서도 존경받는 상사가 되고자 업무에 철저하고 자기관리도 흐트러짐 없게 매 순간 노력했다. 꾸준히 수행하며 여러 가지 운동에 도전하던 어느 날 한 여성이 눈에 들어왔다. 그녀는 본인의 삶에 최선을 다해 충실하게 살아가는 사람이었다. 그녀도 나처럼 때때로 외롭지만 사람을 좇지 않고 더 나은 자신을 추구하기 위해 삶에 박차를 가하며 아낌없이 살고 있었다. 삶에 대한 가치관, 생활패턴, 관심사 등이 비슷했던 우리는 자연스럽게 배우자로의 인연까지 맺을 수 있었다. 우리는 만났을 때 '하늘이 내려주신 짝이 아닐까' 하고 생각할 만큼 서로를 아끼고 응원했고 지금도 그러하다.

자기애를 바탕으로 한 자기계발은 나를 더 나은 버전의 자신으로 이끌어준다. 장점과 강점을 발견하고, 단점을 보완하며 내면의 힘을 키우다 보면 어느새 자신만의 매력과 깊이를 갖춘 멋진 사람으로 성장해 있을 것이다. 이러한 성장은 단순히 외적인 변화만을 의미하지 않는다. 내면의 성숙과 자신감 그리고 삶에 대한 통찰력이 함께 어우러져 진정으로 매력적인 인격을 형성하게 된다. 이런 사람을 만나게 된다면 어느 누가 고개를 돌릴 것인가.

운동으로 근육을 키우듯,

도전으로 마음의 근육을 키워라.

시작은 언제나 힘들지만,

그 시작이 당신을 강하게 만든다.

성장

군인이셨던 아버지의 근무지 이동에 따라, 나는 어릴 적에 국민학교라고 불렀던 초등학교를 5번이나 옮겼다. 친구를 사귈 즈음이면 또 떠나는 경험이 어린 나에게는 힘들었다. 그래도 나름 적응을 잘했다. 1981년 열 살 때 콩고민주공화국(그 시절에는 자이레)으로 이주했다. 영어를 전혀 하지 못했던 나는 다급하게 외운 ABC 알파벳만 달랑 가지고 콩고 소재 미국인 학교에 입학했다. 나는 고분고분하고 순한 아이는 아니었고 친구들과 신나게 놀기를 좋아했다. 유독 정의감에 불타서 시비를 걸거나 못된 행동을 하는 아이들과 꽤나 자주 싸웠다. 하지만 작은 체구로 매번 싸움에서 이길 수는 없었기에 흠씬 두들겨 맞고 집으로 돌아와서 아무 일 없었던 척하다 부모님께 들킨 일도 많았다.

1984년 미국 중서부에 위치한 미주리유년사관학교(MMA, Missouri Military Acadamy)에 입학했다. 아버지의 콩고민주공화국 임기가 끝나가는 시점에서 미국식 교육을 이어가라는 아버지의 배려였다. 미국으로 바로 가는 직항 비행기가 없었기에 콩고민주공화국의 수도 킨샤사(Kinshasa)에서 프랑스 파리를 거쳐 뉴욕을 통해 미주리주 세인트루이스까지 총 3일이 지나서야 학교에 도착할 수 있었다. 새로운 학교에 입학하고 보니, 내가 학교에서 유일한 동양인이었다. 그 당시 학교가 소재한 마을은 정말 시골이었다. 주말에 내가 기숙사에서 외출하여 다운타운에 가게 되면 온 동네 사람들의 관심을 온몸으로 받을 정도로 동양인이 생소한 곳이었다.

학교에서는 불량한 친구들이 시비를 참 많이 걸었던 기억이 난다. 그다지 고분고분한 아이가 아니었던 나인데 사춘기까지 겹쳤으니, 반항심까지 더해져 아이들과 정말 자주 싸웠다.

계속 싸우는 것도 지쳐갈 무렵, 학교에 있는 레슬링부 가입을 권유받았다. 그때부터 상황은 많이 바뀌었다. 운동부 특히, 미식축구부 또는 레슬링부에서 선수로 활동하는 학생에게 시비를 걸 생도는 없었다. 사관학교에 적응이 될 무렵, 나는 아프리카 북서부에 위치한 모로코에 살고 있는 가족들에게 돌아갔다. 내 유년기를 떠올리면 많은 이사와 전학으로 인한 환경의 변화가 힘들긴 했다. 적응하기 쉽지 않은 생활의 연속이었지만, 그런 환경 속에서도 나는 성장했다. 미래에 대해 특별히 큰 걱정 없이 그저 하루하루가 재미있고 좋았다.

행복

나이가 들어가며 어린 시절처럼 싸움은 하지 않게 되었지만, 고분고분하지 않던 내 성격은 쉽사리 바뀌지 않았다. 첫 직장에서 좋은 선배들을 만난 덕분에 회사생활이 크게 어렵지는 않았다. 하지만 보수적이라고 소문난 H해운의 상사들은 고집도 세고, 고분고분하게 말을 듣지 않는 내가 그리 예쁘게 보이진 않았을 것이다. 그렇지만 다행히 특별히 불행한 일은 없었다. 동기들이 승진할 때 나도 승진했고, 월급이 오를 때 같이 오르고, 동결될 때 같이 동결됐다. 선후배들이 삼삼오오 술자리를 가지며 어울릴 때 나를 더 챙겨주는 사람도 있었다. 아직도 종종 안부를 묻는 선후배가 있을 만큼 훈훈했던 시절이지만, 행복하지는 않았다. 그저 살기에 바쁘게 지냈고, 인간관계도 바쁘게 어울리며 지냈고, 해야 하는 일을 하기에 바빴다. 물론 좋았던 기억, 신났던 일들, 기뻐서 흥분했던 일들, 재미있었던 순간들은 셀 수 없이 많았지만 '그때는 행복했었냐?'는 질문을 던진다면, 아쉽게도 내 대답은 '아니다'이다.

H해운을 그만두고 사업을 시작할 때 조금 짜릿한 기대감으로 들떠 있었지만 행복하고는 거리가 멀었다. 그저 돈의

향기에 취해서 '성공하면 행복해질 거다'라고 착각하고 있었을 뿐이다.

독일계 물류회사의 인도네시아 지사에서 두 차례에 걸친 승진했을 때 무척 기뻤지만 그저 지나가는 찰나였다. 한국법인에 팀장으로 복귀했을 때, 영업부서 총괄임원이 되었을 때, 한국법인 대표 후임으로 지정되어 후계자 교육과정을 밟게 되었을 때, 모두 다 짜릿한 순간들이었다. 하지만 모두 그저 지나가는 순간들이었다. 내가 행복하다고 생각하지 않았다. 그러나 지난 경험들을 통해 나는 수많은 것들을 배웠다. 나이들수록, 많이 경험할수록 우리는 많은 것을 배워야 한다.

당시 한국 1위 전 세계 5~6위 해운회사를 다니며 선배들에게 배운 해상운송이론과 해운업무의 실무는 내게 큰 재산이 되었다. 보수적인 회사는 전통적 조직체제의 장단점을 배울 수 있게 해줬다. 그리고 이때 쌓은 업무 지식은 몇 년 후 독일계 물류회사에 들어갔을 때 발휘할 수 있는 매우 중요한 역량이 되었다.

실패한 사업은 '돈은 쉽게 오지 않는다는 것', '오랜 시간의 피와 땀 없이 일확천금을 기대할 수 없다는 것'을 알려줬다. 정말 값진 교훈이며 다시는 비슷한 실수를 범하지 않도록 해줬다.

직장에서 나는 혼신을 다해 일했다. 품행을 단정하게 잘 지키며 동료나 선후배들에게 귀감이 되려고 항상 노력했다. 위급한 상황에서도 침착함을 잃지 않으려 노력했고, 항상 긍정적인 사고로 문제를 해결하려 했다. 고객과 동료를 속이거나 기만하는 행위를 하지 않았다. 부하직원들을 항상 공평하게 대하려 노력했으며, 조직 내 사적인 인맥 문화를 없애고 공사의 구분이 확실해질 수 있도록 힘썼다. 직접 경험을 통해 얻은 교훈 그리고 많은 독서와 성찰을 통해 얻는 본질적인 고민과 혜안들을 곱씹으며 그저 내가 할 일을 했다.

이제 질문을 바꿔본다. '나는 행복한가?'가 아닌 '나는 만족하는가?'로 말이다. 성인이 된 후 비록 행복했던 시기를 특정할 수 없지만 나는 매우 만족스러운 삶을 살고 있다. 지속적으로 배우고 행하고 또다시 배우는 반복 속에서 성장하는 나를 보기 때문이다. 그래서 나는 행복을 좇는 대신 만족스러운 삶, 충족한 삶을 사는 데 초점을 두기로 결심했다.

나이들수록
매달려야 하는 것들

철봉 매달리기

○- 철봉 매달리기를 해야 하는 이유

+ 악력 향상 : 악력은 건강의 척도로 많이 활용되는 만큼 중요한 신체능력의 평가 도구로 사용할 수 있다. 악력이 좋아지면 골프, 테니스 등에 도움이 될 뿐더러, 웨이트 훈련에도 더 무거운 중량을 더 오래 다루는 것이 가능해진다.

+ 어깨 모빌리티(Mobility) 향상 : 어깨 유연성 및 힘을 키우는 것은 물론, 부상 예방에도 도움이된다. 평소에 어깨가 굳어 뻣뻣하고 아프다면 꼭 해야 한다.

+ 척추 이완(Spine Decompression) : 일상에서 발생하는 척추에 압력을 완화하고 만성 허리 통증을 감소하는 효과가 있다. 오래 서 있고 앉아 있는 현대인에게는 꼭 필요한 운동이다.

+ 코어 개입 : 코어 근육을 활성화 함에 따라 다양한 움직임이 안정화 될 수 있도록 돕는다.

+ 정신적 안정 : 매달려서 어깨와 몸통에 이완 과정에 집중하고 호흡을 할 경우 순간적인 스트레스 감소 효과가 있다.

○- 철봉 매달리기 방법

+ 매일 1회에서 3회 매달린다. 첫회는 아침에 기상하자마자 바로 매달리고, 시간과 여건이 허용한다면, 낮에 한 번 저녁에 한 번 수행한다. 연이어서 하는 경우 중간에 5분 휴식을 하자.

+ 매달려 있는 동안 호흡이 매우 중요하다. 3초 들이 마시고 5초~10초 동안 내뱉는다. 처음에는 내뱉기를 5초로 하고 익숙해지면 1초씩 점진적으로 늘린다.

+ 매달릴 때 손가락 첫 마디가 최대한 수평이 되도록 철봉을 잡고 시작하자. 중간에 손이 서서히 미끄러지면서 그립이 풀려도 괜찮다. 매달릴 때 손바닥이 아프면 멈추는 경우가 많은데, 이럴수록 악력 강화를 위해 더더욱 해야 한다.

+ 어깨는 최대한 늘어뜨린다. 통제된 호흡을 이어가면서 내 어깨, 등을 포함한 상체 몸통 전체를 인지하면서 긴장되어 있는 부위를 이완하려는 노력을 지속한다. 집중하면 할수록 이완이 쉬워진다. 바야흐로 내 몸에 과한 긴장을 스스로 인지하고 완화하는 과정을 통해 불필요한 힘을 빼는 능력이 만들어지는 것이다.

+ 골반을 말아 후방경사(꼬리뼈가 후방이 아닌 전방을 바라보게 하는 것)를 만들고 갈비뼈가 과하게 열리는 것을 방지해야 한다. 이때 몸이 좌우로 휘는지를 확인하고 스스로 자세를 교정해보자. 골반을 말면서 몸을 좌우로 휘게 하는 행위는 매우 일반적이니 꼭 확인하고 교정하자.

+ 매일 1초씩 늘려 최대 120초가 될 때까지 키우자.

+ 만약, 15초도 안 된다면 발가락 등을 바닥에 가볍게 내려놓고 시작해서 120초까지 키우자.

+ 철봉 매달리기가 발을 떼고 120초가 된다면, 좌우로 흔들면서 버티며 다시 120초까지 키우자.

+ 최종적으로는 한 팔 매달리기 60초가 목표이다.

○- 운동 팁

+ 하루에 한 번씩 꼭 매달리기를 추천한다.

+ 나이에 상관없이 한 팔 60초 매달리기를 도전해보자. 달성하지 못해도 괜찮다. 매일 1초씩이 불가능하면 매일 0.5초씩, 0.1초씩이라도 늘리자.

✛ 매일 도전하는 자세는 우리에게 용기를 주고 삶을 보다 적극적으로 바라보고 살아가는 데 큰 힘이 된다.

철봉 매달리기
*다음의 QR코드를 접속하시면 운동 지도 영상을 볼 수 있습니다.

슬럼프를 극복하는 방법

슬럼프는 누구나 겪는다.

우리는 그저 그 시기를 잘 버텨야 할 뿐이다.

어떻게?

현재에 집중하면서 버텨야 한다.

예측 못하는 미래가 안 보이는 것, 막막한 것 당연하다.

단, 지금 힘들다고 앞으로도 계속 그럴 거란 생각은 접어두자.

우리에겐 비범한 천재성이 필요한 게 아니다.

그저 지금 해야 할 일에 집중하면 된다.

산 오를 때마다 정상만 바라보면 지친다.

한 걸음 한 걸음 즐기면서 올라가야 한다.

슬럼프 탈출도 마찬가지다.

의식하면 할수록 멀어진다.

미래가 안 보이는가?

그럴 때일수록 현재에 집중하자.

천천히, 조금씩, 꾸준히 하다 보면
어느새 슬럼프를 벗어나 있을 것이다.
조급해하지 말자.
지금 자신 앞에 있는 일에만 집중해야 한다.

그게 답이다.

사업 실패 후 6개월간의 백수생활을 정리하고 직장생활을 다시 시작할 당시, 나는 여전히 암흑 속에서 벗어나지 못하고 있었다. 대학 졸업 후 10년 동안 잘 다니던 안정적인 직장을 퇴사하고 도전한 개인 사업에서 커다란 좌절을 겪은 상황이었기에 앞날은 그저 막막하기만 했다. 어떠한 미래도 그려지지 않았다. 다행히 다시 외국계 물류 회사에 차장으로 입사했지만, 그 직장에서 현실적으로 기대할 수 있는 것은 한계가 있다고 생각했다.

큰 희망 없이 방황하는 마음으로 술과 담배로 세월을 허비하고 있었는데, 어둠 속에서 조그맣게 빛이 보이기 시작했다. 다니던 회사가 독일계 글로벌 물류회사에 합병되면서 싱가포르 지역본부에서 차기 리더를 육성하기 위해 1년간 운영되는 리더십 교육 프로그램을 런칭한 것이다. 당시 나는 회사 내 부서 이동을 통해 내 미래를 설계해보려고 노력하던 중이었는데, 부사장님께서 이를 알아보시고 나에게 교육을 받을 것을 제안하셨다.

나는 1년간의 고된 교육을 열심히 받으며 리더십 교육에 쟁쟁한 참여자들을 제치고 졸업 프로젝트에 당당히 1등을 차지했다. 이때 오랜 교육 과정을 함께하며 나를 지켜봐오던 싱가포르 지역본부 인사총괄 임원은 나에게 인도네시아 법인 영업팀장 자리를 제안하게 되었다. 새로운 가능성이 생긴 것이다. 내가 인정받았다는 사실이 너무 기뻤지만, 기대만큼 두려움도 컸다. 하지만 앞으로 나아가는 것 말고는 선택지가 없었다. 30대 중반에 맞이한 위기 속에서 최선을 다해 길을 찾았고, 그 길을 과감하게 그리고 묵묵하게 걸어가는 것 말고는 답이 없었다.

인도네시아 법인에서 영업팀장을 맡았는데, 현지 기업과 인도네시아 소재 한국 기업 영업을 담당하는 팀이었다. 나는 자카르타에 도착하는 순간부터 정말 열심히 일했다. 아는 사람이 아무도 없었기 때문에 일 말고는 딱히 할 것도 없었다. 그 결과 채 1년도 되지 않아 S전자의 큰 비즈니스를 유치하는 행운이 찾아왔다. 어느 날 S전자의 물류 담당자로부터 전화가 오더니 기존 업체에 문제가 많이 발생하고 있어 견적을 한번 넣어보라는 것이다. 그리고 한두 번의 가격 협상 끝에 우리 회사로 업체 변경이 이뤄졌다. 전담팀 구성을 위해 12명을 신규 채용할 만큼 큰 프로젝트였다. 내가 담당한 지 1년도 되지 않아 인도네시아 법인 역사상 최대 규모의 사업을 유치하는 쾌거를 이뤄낸 것이다.

글로벌 종합물류업은 그 특성상 국제 정세와 환경에 매우 민감하다. 2010년 4월, 아이슬란드의 아이야프야플라예르쿠둘 화산이 폭발하며 화산재가 유럽 하늘을 뒤덮는 일이 발생했다. 내가 새로운 사업을 유치한 지 얼마 되지 않은 S전자의 ODM 제품 수출에 큰 차질이 발생했다. 화산재로 인해 수출 항공편 대부분이 정지됐고, 복구에는 상당한 시간이 걸렸다. 이때 물류 차질을 완전히 해결하는 데 3개월이 걸렸고, 밤낮이 바뀌는 생활이 이어졌다. 고객사의 본사에서도 인도네시아 소재 ODM공장(당시 파나소닉) 현지에 파견돼 사태 수습에 전념하는 상황이었다. 화산재로 인해 원활한 항공운항이 어려워지면서 항공 운송료는 3~5배로 치솟았고, 계약가와 달리 청구할 수 없는 상황이 이어지면서 인도네시아 법인은 천문학적인 손실을 보고 있었다.

나는 독일인 사장을 적극적으로 설득했다. 손실을 만회할 수 있는 방법을 찾을 테니 중요한 이 시기에 고객사와의 신뢰를 꼭 지켜야 한다고. 그러나 사장을 설득하는 것은 참 힘든 일이었다. 지금 생각해보면 어디에서 그런 배짱이 나왔는지 모르겠다. 어려운 설득 과정을 거친 끝에 손실을 무릅쓰더라도 고객사의 제품이 전 세계로 신속히 수출될 수 있도록 항공업무부서의 고유 업무인 항공사 운임 협상 및 업무 집행권을 영업팀장인 내가 한시적으로 직접 관리하게 됐다. 정말 밤낮 없이 고생했다. 목숨 걸고 일했다고 감히 말해본다. 그 결과, 고객사는 우리 회사의 헌신에 따른 금전적 손실을 인정하고 얼마 후 계약 가격을 조정해줬다. 그리고 6개월도 되지 않아 인도네시아 법인은 역사상 가장 큰 매출과 수익을 올리는 성과를 냈다. 나는 이때의 위기 대처 능력을 인정받아 얼마 후 전체 영업팀을 총괄하는 세일즈디렉터(Sales Director) 직책으로 승진하게 되면서, 영화에서만 보던 코너 오피스(Corner Office)를 받게 되었다. 독일계 물류기업 최초로 한국인이 해외 법인에서 영업총괄 자리에 오르게 된 것이다. 그리고 또 얼마 지나지 않아 한국 법인 최연소 상무로 당당히 복귀하게 되었다.

사람들은 자의든 타의든 자신의 한계를 정하는 경우가 많다. 앞이 잘 보이지 않을 때에도 묵묵히 앞으로 걸어 나가야 한다. 그리고 혼신을 다해 걷다 보면 길은 분명히 나타날 것이다. 나는 지금도 새로운 도전을 멈추지 않고 앞으로 묵묵히 걸어간다. 먼 미래를 바라보며 조바심 내지 말고 지금 현재 할 수 있는 것을 충실하게 해나가자.

쉬어야 할 나이라고?
시간은 쉬라고 주는 게 아니라
투자하라고 주는 거다.
하루 10분이면 충분하다.
매일 매달려보자.

당당하게 나이들고 싶다면 하체 힘을

당당하게 나이들고 싶다면 무엇보다 하체 힘이 필요하다.

하체가 약하면 모두 흔들린다.

누구 도움 없이 움직이기 어렵고 곡소리 내며 몸을 쓰게 된다.

하체가 튼튼하면 내 다리로 가고 싶은 곳도 가고,

만나고 싶은 이도 보러 가고, 산책을 하며 사유도 할 수 있다.

체중 40%의 근육 중 70%가 하체에 있다.

나이가 들수록 근육을 지켜야 한다.

지켜낸 근육만큼 삶이 당당해진다.

약, 병원, 주변인에 의존하지 않고 당당하고 멋지게 늙자.

몸은 거짓말 안 한다.

지금부터 시작해서 꾸준히 하면 보상받는다.

지금 당장 다리를 움직이자.

당당하게 늙기 위하여!

제주도에 주택이 하나 있다. 코로나가 한창 유행할 때 2년가량을 제주에 내려가 살았던 시절이 있다. 처음 내려가 살기 시작하니 정말 모든 것이 새롭고 신기했다. 매일 아침, 나와 아내는 제주도의 초록빛 오름을 오르며 하루를 시작했다. 오름의 정상에서 내려다보는 제주의 경치는 마치 세상의 끝에 서 있는 듯한 기분이 들게 했고, 그만큼 가슴이 확 트이는 느낌이었다. 저녁에는 바다의 파도 소리를 배경으로 해변을 산책하며 하루를 마무리했다. 강아지들은 우리 옆에서 신나게 뛰어다니며, 바람에 휘날리는 털이 햇빛에 반짝였다. 제주도의 자연은 마치 우리의 두 번째 고향처럼 편안하고 따뜻했다. 하지만 얼마 지나지 않아 변덕스러운 제주도의 날씨를 접하기 시작했다.

하늘이 푸르고 날씨가 맑을 때가 많았던 초반과 달리, 점점 바람이 거세지고 비가 내리는 날들이 많아졌다. 처음에는 비가 올 때마다 '그냥 집에 있으면 되지' 하고 생각했지만, 점점 날씨에 따라 계획이 틀어지기 시작했다. 바람이 심하거나 비가 내리는 날에는 밖을 나가지 않았다. 몸을 직접 움직이는 일이 줄었다. 꼭 필요한 볼일이 생기면 차를 타고 이동했다. 걷는 시간이 점점 줄어들게 되었다. 심지어 도보로 2분 거리의 분리수거장(클린하우스)까지도 차를 타고 움직이게 되었다. 눈이 오나 더우나 추우나 양손에 가득 봉투와 박스를 바둥바둥 챙겨들고 다니던 내가 그렇게 게으르게 변할 때까지 걸린 시간은 고작 6개월이었다. 침실에서 화장실, 거실, 부엌, 마당, 홈짐으로의 이동이 전부인 날이 대부분이었다.

어느 날, 아내와 나는 오랜만에 산책을 했다. 서울로 돌아오기 전, 제주에서의 자연을 좀 더 만끽하고자 한 것이다. 마침 날씨가 맑고 바람이 적당히 불어오는 날이었다. 우리는 아침 일찍 집을 나와 해변으로 향했다. 해변에는 이른 시간이라 사람이 거의 없었다. 파도는 잔잔하게 밀려왔고 바람은 기분 좋게 불어왔다. 그 순간만큼은 제주도에서의 생활이 얼마나 아름다웠는지 다시금 느낄 수 있었다. 그러나 걷기 시작한 지 얼마 되지 않아 발이 무겁게 느껴졌고 금방 피로해지기 시작했다. 발과 다리가 멋대로 움직였고 걷는 내 몸이 너무 어색하게 느껴졌다. 하체 스트렝스 운동과 각종 모빌리티 운동을 꾸준히 해왔던 나로서는 믿겨지지 않는 현실이었다.

내 발걸음이 느려지자 아내는 점점 불편해했다. 자신이 원하는 만큼 걷지 못하는 것을 아쉬워했다. 나는 아내의 얼굴에 드러난 실망감을 보며, 내 자신의 상태를 돌아보게 되었다. 편리함에 익숙해지면서 중요한 것을 놓친 것이다. 차로 이동하는 것이 습관이 되어, 걷는 것이 얼마나 소중한지 잊어버린 것이다. 걷는 것은 단순한 신체 활동을 넘어서 자연과 소통하고 마음을 편안하게 하는 중요한 시간이다. 차를 타고 이동하며 그 시간 동안 나는 세상과도 단절되었던 것이다. 나는 다시금 걷기의 소중함을 되새기게 되었다.

제주도를 떠나면서 우리는 서울에서의 바쁜 일상과 도시 생활에서 조금씩이라도 자연을 접할 수 있는 방법을 고민했다. 서울로 돌아온 후에도 그 교훈을 잊지 않고, 매일 조금씩이라도 걸으며 자연과의 연결을 유지하기로 결심했다. 하루에 적은 시간이라도 걸었다. 점심시간에 공원에서 짧게라도 산책을 하거나, 일을 마친 후 집 주변을 걷는 것으로 시작했다. 비록 제주도와 같은 풍경은 없지만 도심 속에서도 나름의 여유와 행복을 찾을 수 있었다. 공원에서 만나는 작은 풀밭과 나무들 그리고 공기 중의 신선한 바람이 삶의 소중함을 다시 느끼게 해줬다. 비록 걷기라는 대단하지 않은 활동이지만, 천천히 걸으면서 발바닥과 발가락에 전달되는 세밀한 감각에서 안정감을 느꼈다. 작은 기쁨이 쌓여서 일상의 스트레스를 해소해주고, 걸음마다 새로운 에너지를 얻을 수 있었다.

제주도에서의 경험은 내 삶에 큰 교훈을 남겼다. 우리가 삶에서 편하고 싶은 마음을 내려놓고, 다소 불편하더라도 소중한 것들을 되찾는 노력이 얼마나 중요한지 일깨워줬다. 걷기 속에서 자연과의 연결을 찾고, 매일매일의 삶 속에서 작은 행복을 찾는 것이 얼마나 값진 일인지 깨달았다. 제주에서의 기억은 여전히 내 마음속 깊이 자리잡고 있다. 그 기억을 바탕으로 매일매일 작은 것에 소중함을 느끼는 삶을 살아가고 있다.

시들시들한 인생은 이제 그만

인생이 시들하지 않으려면 다양함을 즐겨야 한다.

나이가 들수록 익숙한 게 편하다.

그러나 익숙함은 우리를 무디게 한다.

다양성의 부족은 무심함에서 비롯된다.

트레이닝을 한다고 매일 똑같은 동작을 반복해 왔다면 되풀이

되는 익숙함은 노동이 된다.

똑똑하면서 약삭빠른 우리 몸은 익숙해지면 시들시들하게 느

낀다.

빠르게 익숙한 것에 적응한다.

그렇게 적응된 몸은 변화를 만들 수 없다.

다양함이 주는 기쁨을 몸으로 먼저 찾아보자.

매일 똑같은 트레이닝을 하고 있다면 바꿔보자.

'대각선 스트레칭(diagonal stretch)'을 해보자.

코어를 포함한 몸의 앞면 전체와 고관절 건강에도 도움이 된

다.

처음엔 흔들흔들 중심 잡기도 어렵다.

괜찮다. 재미있게 아이처럼 놀아보자.

익숙해지면 손으로 더 멀리 짚어보자.

더 익숙해지면 뒷무릎을 땅에서 떼자.

익숙함을 깨고, 다양함을 주자.

신나고 건강한 삶을 살자.

더 익숙해지면 뒷무릎을 땅에서 떼자.

익숙함을 깨고, 다양함을 안아주자.

신나고 건강한 삶을 살자.

19

변화 불잡기

50대 남자들이 모이면 가장 자주 하는 활동과 대화 주제는 단연 골프다. 특히 사회생활에서 인간관계를 중요시하는 이들이라면 더욱 그러할 것이다. "라운딩 한번 가야지?"라는 인사가 "밥 한번 먹자"라는 말과 같은 무게로 느껴질 정도다. 나는 열 살 때 아버지를 따라 자이레로 이주하면서 자연스럽게 골프를 배우기 시작했다. 당시 아프리카 생활은 참 단조로웠다. 많은 사람들이 아프리카를 떠올리면 사파리를 연상하겠지만, 자이레는 빽빽한 밀림이 대부분이고 치안이 불안정했기 때문에 도시 외부에 안전하게 나갈 수 있는 곳이 거의 없었다.

그곳에서의 여가활동은 대사관 직원들과의 식사 모임이나 피크닉, 호텔 수영장에 가거나 골프 라운딩을 하는 것이 전부였다. 그렇다 보니, 나는 자연스럽게 주말마다 아버지와 함께 골프장에서 연습하고 어른들과 라운딩을 다니면서 어린 나이에 골프 실력을 쌓게 되었다. 한국에서 사회생활을 시작한 초기에는 골프를 칠 기회가 없었지만, 40대에 접어들면서 공적으로나 사적으로 골프를 칠 기회가 생기기 시작했다. 어렸을 때부터 골프를 배운 덕분에 기본적인 실력은 여전히 남아 있었다. 스윙폼도 자연스럽고 비거리도 제법 나오다 보니, 라운딩을 나갈 때마다 동행자들이 내게 조언을 구하곤 했다.

내 관점에서 볼 때 그들이 골프 실력을 비약적으로 향상시키기 위해서는 대부분 완전히 새로운 시도를 통해 잘못된 습관을 바꾸는 것이 필요했다. 기존에 해오던 방식에서 벗어나 새로운 접근을 통해 근본적인 변화를 시도해보는 것이 필요한데, 장비나 요령에만 집중하다 보니 정말 중요한 부분을 자꾸 놓치고 있었다. 스윙의 메커니즘을 몸으로 이해하려는 노력 대신, 여기저기서 듣고 배운 잔기술을 통해 개선을 시도하거나, 장비나 튜닝에 과도하게 의존하고 있었다. 하지만 대부분의 사람들은 조언을 듣고도 결국 본인이 해오던 방식으로 돌아가곤 했다. 그리고 다음에 만날 때면 또다시 비슷한 질문을 하고 골프 실력이 늘지 않는 현실에 답답해했다. 물론, 나도 그런 경향이 있다. 익숙한 것, 그 틀을 벗어나기란 쉽지 않다. 이미 익숙해진 식당이 편하고, 자주 가는 산책로가 익숙하며, 자주 하는 운동은 별다른 고민 없이 할 수 있어서 편하기 때문이다.

아내와 나는 평일 오전 한적하게 브런치 카페에서 식사하는 것을 즐긴다. 그러다 보니 단골처럼 '브런치 하면 이곳'이라는 공식이 생겼었나 보다. 어느 날, 집 근처에 있는 브런치 카페가 눈에 띄었지만, '한번 가볼까?'라는 생각보다는 '이 근처는 워낙 데이트 장소로 유명하니, 뜨내기 손님도 많을 것이고 맛은 별로지 않을까? 괜히 갔다가 별로면 어쩌지?'라는 생각에 1년이 지나도록 그곳을 찾지 않았다.

그러던 어느 날, 아내와 자주 가던 브런치 카페가 급한 일로 휴업이었다. '밑져야 본전 아니겠어?'라는 생각으로 드디어 그곳을 이용해보기로 했다. 음식의 수준과 직원들의 친절함, 공간의 쾌적함은 그동안 내가 가졌던 의심을 완전히 깼다. 그리고 나와 아내는 정말 즐거운 식사 시간을 보냈다. 그 자리에서 우리는 다짐했다. 앞으로 새로운 곳도 많이 가보고, 새로운 경험도 더 많이 해보자고. '언제까지 익숙한 것이 주는 안정감에만 안주하며 살 것인가?' 그동안 안일하게 지냈던 내 자신을 질책했다.

나에게 신체 수련 지도를 받는 모든 제자들은 처음 문을 두드리며 들어왔을 때, 첫째는 놀라움 그리고 둘째는 두려움으로 시작한다. 하루 2시간, 주 6일 강도 높게 수련하는 것에 대해 처음에는 다들 놀라워하고 두려워했다. 그리고 그들에게 몇 년 후에는 이런저런 놀라운 능력들이 생길 것이라고 했을 때 내 말을 대부분 의심했다고 한다. 나의 경험담을 토대로 그들에게 해주는 말들이 그들에게는 와닿지 않았던 것이다. 흔히들 내가 알고 있는 만큼만 받아들이고 거기까지만 이해하기 때문이다. 내가 경험해보지 못한 영역은 아무리 잘 설명할지라도 온전히 가늠해내기란 쉽지 않은 일이다. 그리고 그에 따른 무한한 가능성 역시 보이지 않을 것이다. 하지만 우리는 알지 않는가. 내가 알지 못하는 가보지 않은 미지의 세계에서만이 나를 한 단계 올려줄 그 무엇이 존재한다는 것을. 그래서 나이가 들어도, 은퇴를 했어도 늘 틀을 깨는 도전에 대한 노력을 해야 한다고 생각한다.

인생도 이와 같다. 다행히 나는 아내와 자주 이런 주제로 대화를 나눈다. 무언가를 개선하고자 한다면, 익숙한 것과 내가 고집하는 것에서 벗어날 수 있어야 한다고. 현재 내가 하던 방식으로 해결될 문제였다면 '이미 바뀌었을 것이다'라고. 지금까지 변화가 없거나 개선이 미미하다면 그동안의 접근 방법을 바꿔야 한다는 신호라고. 물론 지금의 상태에 안주하고 싶다면 누구도 그것을 강요할 수는 없다. 하지만 나는 힘이 닿는 한 계속해서 발전하고 성장하고 변화하는 나자신을 만나고 싶다. 그래서 앞으로도 과감하게, 그리고 다양한 시도하며 살아갈 것이다. 우리는 자주 듣지 않는가. 죽음을 앞두면 돈과 명예가 아닌, 익숙한 틀을 깨고 나와 과감히 해보지 못한 것에 대한 후회가 남는다고. 가족, 사랑, 꿈, 주저하며 실행하지 못했던 모든 것들….

대각선 스트레칭

대각선 스트레칭(Diagonal Stretch)은 신체의 대각선 방향(예: 오른쪽 위에서 왼쪽 아래)을 따라 신체근막을 늘려주는 동작이다. 이는 신체의 근막 또는 결합조직, 유연성 그리고 전신 움직임 패턴을 활성화하는 데 초점이 맞춰져 있다.

◦ 대각선 스트레칭을 해야 하는 이유

+ 기능적 힘 : 일상적인 움직임과 스포츠 활동에서 중요한 대각선 움직임 패턴을 강화한다. 골프, 테니스, 야구, 권투, 축구 등에서 반복되어 사용되는 회전의 힘을 강화하는 데 가장 효과적이다.

+ 신체 조정력 : 여러 움직임의 평면에서 신체의 인지와 통제력을 비약적으로 높인다.

+ 가동성과 유연성 : 몸통, 어깨, 골반, 척추의 가동 범위를 개선한다.

+ 근막 이완 : 신체의 대각선 방향으로 연결된 근막(결합 조직)을 자극하고 풀어준다.

◦ 대각선 스트레칭을 하는 방법

1. 시작 자세 :

+ 스플릿 스탠스(한 발을 앞으로 내딛던 자세)에서 시작한다. 이때 뒷발 뒤꿈치를 들어 발 앞부분으로만 버틴다.

+ 복부에 긴장을 주고 바른 자세를 유지한다.

2. 대각선 라인 활성화 :

+ 한쪽 팔(발이 앞에 있는 쪽)을 위로 들어 올려 몸을 가로질러 대각선 방향으로 뻗는다. 이때 팔은 대각선 방향으로 큰 원을 그리고 뒤에 있는 발을 향해 움직인다.

+ 동시에 엉덩이에 힘을 주며 반대쪽 다리를 힘 있게 뻗어, 몸통과 골반을 통해 대각선 스트레치를 만든다.

3. 활동적인 스트레칭에 집중 :

+ 손과 발을 서로 반대 방향으로 적극적으로 뻗으며 척추를 길게 늘린다.

+ 몸을 과도하게 구부리지 말고 긴장감을 유지한 상태에서 컨트롤하자.

4. 호흡과 유지 :

+ 스트레칭을 몇 초간 유지하며, 스트레칭된 상태에서 숨을 길게 들이마시고 내쉰다.

+ 손끝부터 발끝까지 대각선으로 늘어나는 느낌에 집중한다.

5. 반대쪽도 반복 :

+ 시작 자세로 돌아온 뒤, 반대쪽으로 스트레칭을 반복한다.

+ 각 방향으로 8~10회 반복한다.

대각선 스트레칭
*다음의 QR코드를 접속하시면 운동 지도 영상을 볼 수 있습니다.

나는 이제 50대 중반이 되었다

이제 만 54세가 되었다.

가장 많이 드는 생각은 건강이 제일이라는 것.

하루에 한 번은 움직이기,

햇살 꼭 보기,

새로운 자극 꼭 찾기.

늦었다고 생각할 때가 가장 빠르다는 말이 맞다.

매일의 새로운 배움은 하루하루의 활력이 된다.

20

도전 붙잡기

만 53세가 되던 날, 나는 소셜미디어에 간단한 메시지를 남겼다. 그 글에는 내 삶의 철학이 고스란히 담겨 있었다. 건강과 일상의 소중함, 그리고 나이를 초월한 도전의 중요성을 강조하는 내용이었다.

"매일 아침 따스한 햇살을 맞으며 하루를 시작합니다. 꾸준한 운동으로 몸과 마음을 단련하고, 일상 속 작은 도전들을 통해 삶의 활력을 찾아갑니다. 나이는 숫자에 불과하다는 말, 이제야 진정 이해하게 됩니다. 여러분도 오늘 하루, 자신만의 작은 도전을 시작해보는 건 어떨까요?"

어떻게 보면 굉장히 당연한 말이었다. 이 짧은 글이 예상치 못한 반향을 일으켰다. 댓글이 폭발적으로 달리기 시작했고, 그중에서 가장 눈에 띄는 단어는 바로 '무천도사'였다. 많은 이들이 내 일상적인 노력과 태도에서 만화 《드래곤볼》의 전설적인 스승, 무천도사의 모습을 떠올린 것이다. 처음에는 그저 과분한 칭찬으로 받아들였지만, 곰곰이 생각해보니 어쩌면 내 삶의 여정이 무의식중에 무천도사의 철학을 닮아가고 있었던 것은 아닐까 하는 생각이 들었다.

무천도사, 즉 로시 선생님은 《드래곤볼》 세계에서 가장 오래된 전투가이자 지혜로운 스승이다. 그의 삶은 단순한 무술의 달인을 넘어 건강과 장수, 그리고 끊임없는 자기계발의 상징이었다. 300살이 넘는 나이에도 불구하고 여전히 젊은 전사들 못지않은 활력을 지닌 무천도사의 모습은, 어쩌면 우리 모두가 동경하는 이상적인 노년의 모습일지도 모른다. 때로는 심하게 장난스럽기도 하지만, 그의 지혜와 힘 그리고 삶을 대하는 태도는 많은 이들에게 영감을 주었다. 그리고 나 역시 모르는 사이에 그의 모습을 동경하고 있었던 것 같다.

돌이켜보면, 마흔 중후반에 접어들 무렵 내린 과감한 결정의 배경에도 이러한 무의식적 영향이 있었던 것 같다. 잘

자신있게 늙는 방법

멋진 삶을 향유하자

다니던 회사를 퇴사하고 운동을 지도하는 직업으로 바꾸는 터무니없어 보이는 선택을 했을 때, 주변에서는 모두가 "미쳤다"고 말렸다. 하지만 내 마음속 깊은 곳에서는 이것이 바로 내가 가야 할 길이라는 확신이 있었다. 비록 늦은 나이에 시작한 운동이었지만, 그 속에서 나는 새로운 나를 발견했다. 강해지는 것에 대한 매력을 느꼈고, 운동을 하면서 조금씩 내 자신에 대한 기대치도 높아졌다. 자연스럽게 목표는 상향조정돼 갔고, 나는 점점 더 큰 도전을 갈망하게 되었다.

처음에는 평범한 웨이트 트레이닝으로 시작했지만, 얼마 지나지 않아 더 자극적이고 성취감이 높은 '크로스핏'을 만나게 되었다. 인간이라면 한 번쯤은 상상해볼 만한 '강한 존재', 즉 나의 한계를 넘어서는 강인한 정신력을 바탕으로 엄청난 체력을 길러내는 콘셉트는 정말이지 너무나 매력적이었다. 마침 크로스핏이 한국에 상륙한 지 얼마 되지 않은 때여서 전문 체육관이 많지 않았다. 그러던 중 회사 근처에 일명 홍슈스(홍대 슈퍼스트렝스 리복 공식 크로스핏 박스)라는 곳이 문을 열게 되었고, 그곳에서 나의 새로운 여정이 시작되었다. 그때부터 나의 일상은 완전히 바뀌었다. 업무상 한두 번의 저녁 약속을 제외하고는 퇴근 후 항상 체육관으로 향했다.

땀으로 범벅이 되어 숨이 턱까지 차오르는 순간에도, 나는 행복했다. 한계에 도전하는 그 순간이 나를 살아있게 만들었기 때문이다.

토요일은 또 다른 의미의 '출근일'이 되었다. 평소와 같이 일찍 일어나 스타벅스에서 커피 한 잔을 마시며 하루를 시작했다. 그리고 체육관에서 2~3시간 동안 개인 운동을 했다. 정규 수업이 없는 토요일이었기에, 나만의 페이스로 역도 스타일의 바벨을 사용하는 스트렝스 훈련부터 다양한 모빌리티 훈련까지 집중적으로 할 수 있었다. 운동이 끝나면 근처 맛집에서 단백질이 풍부한 식사를 하며 하루를 마무리했다. 일요일은 조금 다른 방식으로 몸을 움직였다. 집 근처 올림픽공원에서 1시간가량 걷거나 가볍게 뛰었다. 때로는 시외로 드라이브를 나가 적당한 거리의 등산로를 찾아 자연과 교감하는 시간을 가졌다. 이러한 루틴은 단순히 육체적인 건강을 위한 것만은 아니었다. 매일 규칙적으로 운동하고 햇살을 받으며, 새로운 자극을 찾아가는 것이 내 삶에 활력을 불어넣는 방법이었다.

그러나 나는 어렸을 때부터 늘 하던 것을 반복하고 지속하는 것에는 그다지 매력을 느끼지 못했다. 업무에서든 개인 삶에서든 '현상유지'라는 단어를 별로 좋아하지 않는다. 나에게 있어 성장을 위한 끊임없는 노력은 삶에 활력을 불어넣는 원동력이다. 매일 아침 눈을 뜰 때면 나를 기다리고 있을 새로운 도전을 생각하며 설렌다. 살짝 긴장감이 도는 가운데 하루를 시작한다. 이런 긴장과 설렘이야말로 내가 진정으로 살아있음을 느끼게 해주는 순간이다.

무천도사의 명언이 떠오른다.

"열심히 일하고, 열심히 공부하고, 열심히 놀고, 열심히 먹고, 푹 쉬는 것, 이것이 바로 거북선인류의 수련방식이야."

이 말은 단순한 만화 속 대사가 아니다. 그것은 삶의 균형과 지속가능한 성장에 대한 깊은 통찰이다. 나는 이 철학을 나만의 방식으로 재해석하고 실천해나가고 있다. 어쩌면 우리 모두의 마음 한구석에는 이런 삶에 대한 동경이 자리잡고 있는지도 모른다. 나이와 상관없이 끊임없이 도전하고 배우며 성장하는 삶. 그것이 바로 진정한 인생의 묘미가 아닐까? 50대 중반인 지금도 나는 여전히 새로운 꿈을 꾼다. 더 건강한 몸과 마음으로, 더 지혜로운 생각으로, 매 순간을 충실히 살아가고 싶다. 그리고 언젠가 누군가가 나를 보며 "저 분, 꼭 무천도사 같아요"라고 말해줄 그날을 기대하며 오늘도 열심히 살아간다.

우리 모두의 내면에는 각자의 '무천도사'가 잠들어 있다. 당신의 무천도사는 언제 깨어날 준비가 될까? 오늘, 바로 지금 그 첫걸음을 내딛어보는 건 어떨까? 나이는 숫자에 불과하다. 진정한 젊음은 마음가짐에서 시작된다.

나는 시한부 인생을 산다

우린 모두 시한부 인생을 산다.

지금 몇 살이든, 무엇을 하든 우리 삶은 유한하다.

죽음은 필연적이지만 희망을 만들기 위한 오늘을 살아야 한다.

시간이 없다는 말버릇.

나를 보살피지 않으면서 쉽게 변명처럼 뱉는 말이다.

주어진 인생을 스쳐 지나가게 두지 말자.

매일 죽음으로 다가가는 우리.

그렇기에 오늘이 더 소중하다.

인생은 찰나의 연속이다.

끌려다니는 삶을 살지 말자.

지금 여기의 삶을 즐기자.

무심코 흘려보낸 오늘은 희망이 아닌 절망을 가져온다.

유한한 우리 삶을 즐기자.

그러려면 우선 건강해야 한다.

시간이 없어서 운동을 못 간다면 지금 제자리에서 일어나자.

그리고 바로 시작하자.

21

소중한 순간 불잡기

나는 드라마를 그다지 즐겨 보지 않는다. 대개는 몇 회를 넘기지 못하고 금방 지루함을 느낀다. 우연히 넷플릭스에서 〈The Big C〉라는 시리즈를 발견했을 때, 이 드라마는 나에게 큰 영향을 미쳤고, 끝까지 보게 만든 몇 안 되는 시리즈 중 하나가 되었다. 〈The Big C〉는 주인공이 암에 걸리면서 인생을 새롭게 되돌아보는 이야기를 담고 있다. 사실 이런 주제를 다룬 작품은 많겠지만, 이 드라마는 그 깊이와 진정성을 통해 특별한 감동을 주었다. 주인공 코라 제임슨의 여정은 단순히 병과의 싸움이 아닌, 자아 발견과 인생의 재평가에 관한 깊이 있는 탐구였다. 그녀의 투병 과정은 때로는 가슴 아프고, 때로는 유머러스하게 그려졌다. 〈The Big C〉의 주인공이 겪는 혼란과 깨달음은 단순히 소설적인 이야기로 치부할 수 없는 진실을 담고 있다. 바로 우리 모두가 언젠가는 맞이할 수 있는 삶의 진정성과 한계에 대한 진실 말이다.

삶의 유한성에 대해 자주 생각하는 사람은 많지 않을 것 같다. 일상에 치여 살면서, 대개 먼 미래에 대한 걱정만 하고 현재를 충분히 즐기지 못하는 경우가 더 많을 것이다. 그러나 〈The Big C〉는 시한부 인생을 맞이한 주인공이 매일매일의 순간을 소중히 여기고, 자신의 진정한 욕망과 감정을 이해하고 표현하는 과정을 그린다. 코라가 자신의 삶을 재평가하고 변화시키는 모습은 삶의 소중함과 현재의 중요성을 다시금 일깨워줬다. 자신의 인생을 되돌아보며 과거의 후회와 현재의 무의미함을 직시하는 그녀. 자신의 삶을 다시 정의하고, 가족과의 관계를 재정립하며, 잃어버린 꿈을 되찾으려 시도하는 과정에서 발견한 진정한 행복과 삶의 의미는 단순히 물질적 성취나 사회적 지위와는 상관없는, 개인적인 가치와 연결된 것들이다. 이 여정은 삶의 진짜 의미가 무엇인지, 어떻게 살아야 후회 없는 삶을 살 수 있는지에 대해 생각하라고 나에게 소리치는 것 같았다. 그리고 그 외침은 나의 일상을 새로운 시각으로 바라보게 만들었고, 삶 속에서 접하는 소소한 것들에 대한 가치를 재평가하게 해주었다. 내 삶의 소중함과 유한성, 매일의 작은 순간들, 가족과의 시간, 친구들과의 대화, 그리고 스스로에게 솔직해지는 것이 얼마나 중요한지를 깨닫게 했다. 내가 살아가는 매일매일의 시간 속에서 진정으로 중요한 것들을 놓치지 않아야 한다는 다짐과 함께 말이다.

어렸을 때는 미래를 내다보지 못하고 현재에만 집중하는 우리를 어른들이 꾸짖었다. 그런데 아이러니하게도 어른이 되고서는 멀리 내다보기만 한 나머지 현재의 소중함과 즐거움을 찾지 못한다. 참 안타깝고 슬픈 현실이 아닐 수 없다. 인간은 이렇게 불합리한 유전자를 가지고 태어나 살고 있다.

20대 초반의 일이다. 아버지 고향인 영덕에서 친척이 올라오셨는데, 막차를 타고 내려가신다 해서 내가 서울역까지 승용차로 배웅해드린 일이 있다. 귀가하던 길 한가운데에서 졸음을 참지 못해 잠시 졸음운전을 했다. 어느 순간 무언가 이상하다는 느낌이 들어 눈을 떠보니 앞 차량과 충돌하기 직전이었다. 나는 급히 브레이크를 밟으며 핸들을 꺾었는데, 차량은 올림픽대로 우측에 있는 벽을 향해 돌진했다. 이때 안전벨트도 하지 않았기에 매우 위험천만한 상황이었다. 그런데 그 순간 나는 놀라운 경험을 했다. 마치 시간이 멈춘 듯 내가 처한 그 상황이 갑자기 천천히 움직였고 나는 모든 것을 온전히 인지하고 적절하게 필요한 만큼 대처해나갈 수 있었다. 나는 그 긴박한 상황에서 차분하고 평온하게 대처하고 있었다. 차량은 짙은 타이어 타는 냄새를 내며 우측으로 미끄러지며 콘크리트벽을 향하고 있었고, 나는 브레이크를 서서히 놓으며 핸들을 반대로 돌리기 시작했다. 핸들을 돌리는 내 손은 천천히 움직이고 있었지만 확신에 차 있었다. 그리고 얼마 후 차량은 다시 방향을 바꿔 좌측으로 움직이기 시작했다. 다행히 우측 벽과의 충돌은 피했지만, 이제는 좌측 가드레일과 충돌하는 방향으로 움직였다. 내 두 손은 다시 서로 교차하며 핸들을 돌리고 있었고, 차량은 올림픽대로 중앙 차선으로 돌아와 진행 반대 방향을 바라보며 멈추었다. 내 뒤에 따라오던 모든 차량은 일제히 정지했고, 수많은 헤드라이트들로 눈이 부셨다. 충돌을 피하기 위해 핸들과 브레이크를 조작하며 대처하는 그 짧은 찰나, 나는 내 짧았던 인생에서의 추억들, 그리고 소중한 사람들과의 기억들을 한 편의 단편영화로 보았다.

대학 시절 신촌 밤거리에서 불량배들에게 몰매를 맞을 때에도 그들의 주먹 하나하나, 발길 하나하나가 슬로모션으로 보였던 기억이 있다. 몸은 만신창이가 되었지만, 내 기억은 아직도 생생하다. 마지막에 나를 구하러 온 친구 두 명의 모습과 전후 상황을. 우리는 왜 긴박하고 중요한 상황에서만 제대로 보는 능력이 생겨날까? 평소에도 제대로 볼 수 있다면 얼마나 좋겠는가?

〈The Big C〉를 끝까지 본 후, 나는 삶의 가치를 새롭게 평가하고, 매일매일의 순간을 좀 더 소중히 여기는 태도를 가지기로 결심했다. 우리의 시간은 제한적이지만, 그 시간 속에서 우리는 의미와 행복을 무한하게 창조해낼 수 있다. 삶의 유한성을 인정하고, 진정한 가치와 의미를 찾는 것이 바로 우리가 이 순간을 살아가는 방법이 아닐까.

처음부터 쉬운 것도 끝까지 어려운 것도 없다

우리는 모두 처음에는 서툴고 어려움을 겪는다.

하지만 끝까지 포기하지 않고 노력하면 결국에는 그 어려움을 극복하게 된다.

처음부터 모든 것이 쉬웠다면, 우리는 성장할 기회를 잃었을 것이다.

"처음부터 쉬운 건 없다"는 말은 도전의 중요성을 일깨워준다.

어려움을 두려워하지 말자.

어려움을 통해 자신의 한계를 시험하고, 강해지자.

무엇보다 중요한 것은 "끝까지 어려운 것도 없다"는 사실이다.

아무리 큰 산도 한 걸음 한 걸음 올라가다 보면 정상에 도달할 수 있다.

우리의 의지와 끈기가 우리의 성공을 결정 짓는다.

도전은 우리의 삶을 더욱 풍요롭게 만든다.

도전을 통해 우리는 새로운 것을 배우고, 성장하며, 더 나은 사람이 된다.

"인생에서 가장 큰 위험은 위험을 감수하지 않는 것이다."

시어도어 루즈벨트의 말처럼, 도전을 두려워하지 말자.

처음부터 쉬운 건 없다.

그러나 끝까지 어려운 것도 없다.

매 순간 최선을 다해 도전하자.

22

열매 붙잡기

40대 중반에 나는 잘 다니던 직장을 퇴사하고, 새로운 분야에 도전장을 던졌다. 피트니스 산업에 발을 들여놓은 것이다. 나에게 도전은 크게 2개의 목표가 있었다. 첫째는 사업적으로 성공하는 것, 그리고 둘째는 피트니스 업계에서 구매자들이 신뢰할 수 있는 전문가가 되는 것이었다. 무엇보다 고객의 신뢰를 얻어야 성공적인 비지니스를 이어갈 수 있다는 믿음은 오랜 세월 영업을 해오면서 자연스럽게 만들어진 나의 신념이다. 새로운 분야이기에 더더욱 신뢰가 중요하다고 생각했다. 미래에 대한 초조함과 두려움에 떨고 있을 시간이 없었다.

당장 나보다 20년은 젊고 어렸을 때부터 이런 장르의 운동에 노출되었던 사람들 속에서 두각을 나타내야 했다. 처음에는 좋아서 했던 운동에 이제는 사활을 걸어야 하는 때가 온 것이다. 멋있는 신체를 만들기 위해, 웨이트 훈련을 한다고 해서 소위 '몸 만들기'만을 한다고 되는 문제가 아니었다. 아무리 몸이 좋아도 일반적으로 불가능한 것들을 나는 배워서 해내야 했다. 예를 들면, 기계체조 선수들이 해내는 기본 동작들 중에 물구나무 푸시업, 플란체(Planche), 힘물구나무(Press to Handstand), 체조링(Gymnastic Ring)에서 행하는 난이도가 있는 동작들, 칼리스태닉(Calisthenic)에서 볼 수 있는 90도 핸드스탠드 푸시업(90 degree Handstand Pushup), 한 팔 풀업, 서커스에서 볼 수 있는 한 팔 물구나무, 여러 저글링 루틴, 각종 균형(Balance) 동작, 현대무용에서 배우는 기본기를 통해 신체를 조화롭게 움직이는 훈련, 카포에이라(브라질 전통 격투)에서 추출된 기본기들을 배워 보다 다이나믹하게 움직이는 훈련 등등. 나는 이 모든 것을 해내야 했고, 두각을 나타낼 만큼 잘 해내야 했다. 마흔이 훌쩍 넘은 회사원이 할 수 있는 일반적인 도전과는 거리가 멀었다. 처음에는 좋아서 시작했지만, 이제는 더 이상 취미 또는 열정으로 표현될 수 없는 세계로

나이들수록
매달려야 하는 것들

걸어 들어간 것이다. 갑자기 에베레스트 산이 내 앞에 나타나 우뚝 선 느낌이었다. 앞으로 얻을 수도 있을 모든 능력을 생각하며 정상을 그려봤다. 험난하고 고된 여정을 이겨내고 정상에 도달한 자가 몇 되지 않은 그 산을 나는 올라야 했다. 신기한 것은 그 기간 동안 단 한 번도 중간에 '포기'라는 단어가 머리에 떠오르지 않았다는 것이다. 처음 2~3년은 매일 밤 몸이 부서지는 얼얼함을 껴안고 잠이 들어야 했고, 자면서 경기를 일으키며 아내를 잠결에 차는 일도 허다했다.

나의 수련은 하루 5시간에서 6시간이 소요됐다. 수련 일정은 주 6일, 오전과 오후에 각각 2~3시간이었다. 점심식사 후 1시간의 낮잠은 선택이 아닌 필수가 되었다. 몸을 잠시 쉬게 하지 않으면 오후와 저녁 일정을 감당하는 것이 불가능했다. 1시간은 쥐 죽은 듯이 잤고 알람에 놀라 깨어나기를 반복했다. 종종 즐기던 술은 자연스럽게 멀리하게 되었다. 음주 외에도 조금이라도 회복에 부정적인 영향을 주는 행위는 정리했다. 육체적으로 정신적으로 강도 높은 수련을 하루 5~6시간 버텨내기 위해서는 영양과 회복에 더욱 신경 써야 했다. 호흡, 명상, 이완요법, 영양제, 사우나 등 온갖 리서치를 해가며 나라는 존재를 적극적으로 관리했다. 이때 인삼, 산

삼의 효능을 직접 경험하기도 했다.

고된 시기였지만 이러한 루틴을 이어가면 갈수록 진화하고 변모하는 내 자신을 확인하며 놀라움을 금치 못했다. 늦은 나이에 내가 변하고 있다는 것은 정말 놀랍고 흥미로웠다. 힘들었지만 정말 즐기고 있었다. 지금도 그때를 생각하면 소름이 돋는다. 도무지 풀리지 않던 문제의 해답이 어느 순간 보일 때, 전혀 이해가 되지 않던 퍼즐이 하나하나 이해되기 시작하면서 저절로 조각들이 맞춰지기 시작할 때, 도저히 불가능해 보이던 힘이 어디서 솟아나 고난도 동작으로 이어질 때, 어색하기 짝이 없는 옷이 차츰 익숙해지더니 날개가 되어 자유자재로 나의 생각과 의도가 몸으로 표현될 때…. 이러한 찰나의 깨달음과 크고 작은 성공은 나를 보다 높고 먼 곳으로 나아갈 수 있게 하는 힘으로 작용했다. 가면 갈수록 길은 더욱 험난해져 갔지만, 깨달음과 성공의 맛을 보고 있는 나에게 새로운 도전은 상대적으로 수월하게 느껴져 결국은 뛰어넘을 수 있게 되었다. 이러한 과정을 거치며 나는 배운 것이 있다. '목적지'가 아닌 '과정'이 정말 중요한 이유를 말이다.

우리가 흔히 이야기하는 '과정을 즐기자'는 말보다 심오

한 뜻이 내포돼 있다는 것을 깨달았다. 우리는 보통 목적지를 보게 되면 끝을 보게 되고 목적지에 도착하면 목적을 달성했기에 더 이상 노력할 이유가 없어진다. 그러므로 나태해지고 삶의 의미를 잃고 공허함에 휩싸인다. 그래서 항상 새롭고 더 어려운 단계의 도전에 끊임없이 자신을 노출시키는 무모함이 중요한 포인트인 것이다. 단순히 어려움을 이겨내는 것이 아닌 보다 큰 그림을 보는 것이다. 도착지에 안주하는 것이 아니라, 항상 새로운 목표를 세우고 새로운 도착지를 향해 가는 플로우(Flow) 상태, 항상 고난에 자신을 떠밀어 놓는 행위에는 정말이지 신성한 그 '무엇'이 존재한다. 의도적으로 불행한 선택을 하자는 것이 아니다. 항상 초심의 자세로 죽을 때까지 겸손한 마음가짐으로 최선을 다해 살아가는 것. 이것이 내가 살아가는 방식이다.

"살다 보면 정말 어렵고 불가능한 것들이 있다."

누군가는 이런 말을 건넨다. 그러나 나는 희망을 주고 싶다. 불가능하다고 포기하는 이들에게 이렇게 말해주고 싶다. 우선, 이루고자 하는 목표와 현재의 자신에 대해 냉철한 눈으로 객관적인 평가를 하라. 그리고 어떻게 목표에 다가갈 것인지 구체적이고 단계적인 계획과 방법을 마련해라. 이때 선택하는 계획과 방법은 무조건 최선책이어야 하며 차선책으로 타협하지 않아야 한다. 우선 시작하고 최선을 다해라. 분명한 것은 자신이 예상한 최선을 초월하는 최선이 요구될 것이며, 자신의 한계를 수십 수백 번 넘어야 할 것이다. 그리고 그것이 최선의 선택이었는지 여부는 자신에게 솔직해지면 알게 될 것이다. 계획과 방법은 중간에 수정해도 된다. 다만 도중에 포기의 유혹에 절대 빠지면 안 된다. 처음 생각했던 목적지에 도달하지 못해도, 최선을 다하며 자신을 넘어서고 이겨내는 과정을 거듭하면 당신은 분명 성장해 있을 것이다. 그리고 그것이면 충분하다고 말해주고 싶다.

내가 임원직을 그만두고 새롭게 도전한 분야에서 정상에 올랐다고 할 수는 없다. 하지만, 베이스캠프를 출발해 세상이 보이는 높이까지 올라가봤다고 생각한다. 그리고 이 분야에 신뢰할 만한 지도자로 성장했다고 생각한다. 성장하는 과정에 '시행착오와 장애물이 없었더라면' 하는 생각은 버렸다. 나는 분명히 최선을 다했기에 지금의 나에 만족한다. 그래서 또 다른 도전과 목표는 다시금 나를 움직이게 한다. 이거면 충분하다.

스트렝스

○ 스트렝스(근력) 훈련을 해야 하는 이유

+ 건강을 위해 걷기만 하면 중요한 부분을 놓치게 된다. 나이가 들수록 근육, 뼈, 관절을 튼튼하게 유지하는 것에 더욱 힘써야 하기에 보다 활기차고 건강한 삶을 영위하기 위해서는 스트렝스 훈련을 해야 한다.

+ 올바른 움직임을 기반으로 한 스트렝스 훈련은 부상을 방지하는데 가장 효과적이다.

+ 스트렝스 훈련은 호르몬에도 큰 영향을 미친다. 특히, 남성 호르몬인 테스토스테론을 촉진하게 되는데, 이는 육체적 그리고 정신적 건강을 지키는 데 매우 중요하다. 일상행활 속에서 자신감이 없어서 고민이 되는가? 테스토스테론 증가는 분명 도움이 될 것이다.

○ 웨이트 훈련과 스트렝스 훈련의 구분

+ 웨이트 훈련 : 덤벨, 바벨, 머신, 케틀벨과 같은 외부 중량을 사용해 근육을 단련하는 운동이다. 주로 저항을 통해 근육의 힘, 지구력 또는 크기를 향상시키는 데 초점이 맞춰져 있다.

+ 스트렝스 훈련 : 근력을 증가시키는 모든 형태의 저항 운동의 포괄적인 개념이다. 외부 중량뿐만 아니라 본인의 체중을 활용하는 맨몸운동(푸시업, 풀업 등)을 포함하며, 근육의 힘을 최대화하는 것이 주요 목적이다.

+ 쉽게 설명을 하자면, 웨이트 훈련은 근육의 기능 향상에 주요 초점이 있다면, 내가 지향하는 스트렝스는 자신이 가진 힘을 표현해내는 능력치 향상에 더 초점을 둔다. 궁극적으로 운동을 통해 얻은 능력과 실제 상황에서 표현 가능한 능력이 같은 선상에 있을 때 진정 우리를 지키는 힘으로 활용될 수 있다.

+ 그러므로 나에게 스트렝스 훈련은 신체의 모터 컨트롤 능력을 최대한 활용하고 향상시키는 역할을 한다. 그렇다면 모터 컨트롤이 얼마나 흥미로운 것인지 자세히 들여다보자.

ᴑ 모터 콘트롤이란?

모터 콘트롤(Motor Control)은 신체의 움직임을 계획하고, 조절하며 실행하는 과정으로 신경계와 근육의 상호 작용을 통해 이루어지는 것을 말한다. 이는 일상적인 동작부터 복잡한 운동 기술까지 포함하며, 인간의 움직임을 이해하고 개선하는 데 중요한 역할을 한다.

ᴑ 모터 컨트롤의 주요 요소

1. 신경계

+ 중추신경계 : 뇌와 척수는 움직임의 계획과 조정을 담당한다.

+ 말초신경계 : 근육으로 신호를 전달하고 움직임을 실행한다.

2. 근육계

+ 근육이 신경계의 신호에 따라 수축 및 이완하며 필요한 움직임을 생성한다.

3. 감각 정보

+ 시각, 청각, 촉각, 고유수용감각(자세와 균형 감지) 등의 감각은 움직임을 조정하고 오류를 수정하는 데 필수적이다.

4. 피드백 메커니즘

+ 피드포워드(Feedforward)와 피드백(Feedback) : 움직임을 사전에 계획하여 실행하고, 움직임 중 또는 이후에 감각 정보를 사용하여 수정하거나 조정하는 것.

O― 모터 컨트롤의 응용

1. 재활 치료

+ 신경계 손상(예: 뇌졸중, 척수손상) 환자의 움직임의 회복 지원.

+ 물리치료 및 작업치료에서 운동 조절을 향상시키는 기술 활용.

2. 운동 및 스포츠 과학

+ 운동선수의 동작 기술을 분석하고 개선. 그리고 반응 시간과 협응력을 향상시켜 경기력을 높임.

3. 일상 생활

+ 걷기, 글쓰기, 도구 사용과 같은 기본적인 일상 활동을 조정.

+ 균형 유지 및 낙상 방지에 필수적.

+ 에스테틱만을 위한 목적이 아니라면 여기서 추구하는 스트렝스 훈련을 적극 추천한다.

O― 스트렝스 훈련하는 방법

1. 스트렝스 훈련에 사용할 동작의 선택

+ 스트렝스 훈련에 사용되는 동작은 최대한 다관절 운동을 선택하고 올바른 동작을 배워 실행하자. (예: 벤치프레스가 가슴과 삼두에 초점이 있다면, 푸시업 또는 물구나무 푸시업을 할 경우 몸통과 골반 그리고 다리를 고정시킨 다음에 손, 팔,

날개뼈의 세밀한 움직임을 토대로 움직이는 행위) 좋은 자세로 행하는 푸시업을 할 경우, 기능성 있게 미는 힘을 길러냄과 동시에 충분히 멋있는 몸매를 만들어 낼 수 있다.

2. 스트렝스 훈련 핵심 3가지

+ 하체 : 중량 스쿼트

+ 상체 밀기 : 푸시업, 딥, 물구나무 푸시업 등

+ 상체 당기기 : 풀업, 친업 등

3. 스트렝스 훈련 동작의 실행

+ 동작별 좋은 자세로 행하는 방법을 연습하며 훈련한다. 단순히 근육을 자극하는 것에 만족하는 것이 아니라, 좋은 자세로 유지함에 따라 신경계의 발달을 자극하는 동시에 더 많은 개수 또는 더 어려운 난도로 수행하는 것에 초점을 두어야 한다.

+ 위에서 설명한 모터 컨트롤에 최대한 집중해야 돌아오는 이점도 커진다.

+ 올바른 자세로 실행하는 능력을 키울 때 지속적인 스트렝스 향상이 용이해지며, 부상 방지에도 큰 역할을 하게 된다.

4. 스트렝스 훈련 방법과 주기

+ 3가지 동작을 순서대로 5세트 실행한다.

+ 5 Rounds : 중량 스쿼트, 상체 밀기, 상체 당기기

+ 3가지 동작을 순서대로 쉬지 않고 진행한 후에 90초 휴식를 마치고 바로 다음 세트로 이어간다.

+ 각 동작을 렙 수는 8~10렙 사이이며, 10렙을 5세트까지 해낼 수 있다면 난이도 또는 강도를 높인다.

✦ '5×5', 즉 '5렙×5세트'가 가장 보편적으로 사용되지만, 자세 즉 모터 컨트롤에 보다 초점을 두기 위해 고렙(8~10렙)을 하는 것을 추천한다.

✦ 템포 : 스트렝스 향상 및 모터 컨트롤 향상을 위해서는 템포가 중요하다.

✦ '30×0' 템포를 지킨다. 3초 내려가기, 밑에서 0초 머물기, 올라올 때 × 가속하기, 올라와서 0초 머물기

✦ 주 2회 스트렝스를 추천한다. 시간이 없다면 최소한 주 1회는 하자.

스트렝스
*다음의 QR코드를 접속하시면 운동 지도 영상을 볼 수 있습니다.

스쿼트를 꼭 하자

나이가 들수록 꼭 해야 하는 것,

바로 스쿼트(Squat).

온몸의 근육 중 중요하지 않은 건 없지만, 하체근력은 균형, 보행능력에 필수이고 낙상예방을 위해서도 중요하다.

나이가 들면 어쩔 수 없이 기능이 저하된다.

그중에서도 "예전과 뭔가 다르다"라는 몸의 불편감은 보통 하체에서 온다.

실제로도 노화에 의한 근력 저하는 상체보다 하체가 현저하다.

"자꾸 발에 걸려 넘어진다."

좀 걸으면 "아구구구" 소리가 나오는 것.

하체근력 저하는 온몸, 온 일상에 영향을 미친다.

삶의 질을 유지하기 위해서는 자유롭게 움직일 건강한 하체가 필요하다.

나이가 들어가며 자신의 몸을 돌보지 않는다면 활기차고 밝은 미래를 기대할 수 없다.

인생 마지막 날까지 스스로의 힘으로 자유롭게 살아가려면 지탱하는 힘을 키워야 한다.

'닥치고 스쿼트'라는 말도 있다는데. 나는 이렇게 말하고 싶다.

"나이들어서 못 한다는 나약한 핑계를 닥치게 하자."

스쿼트는 인생과도 같다.

어떤 무게가 당신을 짓누르려할 때, 그때가 당신이 일어서야

할 타이밍이다.

지금 시작해보자.

23   하체 힘 붙잡기

나는 1년 전 어깨 부상으로 운동을 3개월 정도 쉰 적이 있다. 약 10년간 매일 하루 몇 시간씩 운동을 해오던 운동을 쉰다는 것은 나에게 큰 사건이 아닐 수 없었다. 오랜 기간 동안 어깨에 불편함이 가시지 않는데, 병원에서 치료를 받고 조금 좋아진다 싶으면 바로 운동을 다시 하는 과정을 거치면서 제대로 회복되지 못하고 병을 계속 키운 것이 원인이었다. 결국은 이를 지켜보던 아내의 적극적인 설득으로 10년 만에 운동을 완전히 내려놓고 쉬기로 결정하게 되었지만, 오랜 기간 해온 운동은 단순히 운동이 아닌 나의 정체성이었기에 너무 힘든 결정이었다. 잔부상으로 힘들었던 시기와 겹치면서 시련 아닌 시련이었다. 그나마 위안이 된 것은 하체와 관련된 운동은 이어갈 수 있었고, 평소보다 더 집중해서 백스쿼트(Back Loaded Squat), 바벨 스플릿 스쿼트(Back Loaded Split Squat) 등 팔과 어깨를 최대한 사용하지 않는 동작으로 스트렝스를 유지하려 노력할 수 있었다는 것이다.

그럼에도 불구하고 다양한 수련을 통해 능동적으로 움직이는 시간이 예전에 비해 급격히 줄어들다 보니 앉아 있는 시간은 자연스럽게 길어졌고, 또 다른 문제가 발생했다. 여태껏 무릎에 문제가 전혀 없었던 내가 늘 하던 스쿼트라고 안일하게 운동하다가 우측 무릎반월판 손상이라는 부상을 겪게 된 것이다. 어깨 부상 회복으로 3개월간 운동을 쉬는 동안 나는 아내와 함께 테니스를 배우고 있었는데 이마저도 제대로 할 수 없었다. 부부가 저녁식사 후 매일 즐기던 양재천 산책도 못하는 상황에 이르렀다. 무릎이 조금 이상하다고 느낄 때 잠시 쉬거나 치료를 받으면서 원인을 찾는 노력을 했어야 했는데, 그러지 못하면서 병을 키운 결과다. 내가 지도하는 수련생들에게 자주 하는 말을 나 스스로 지키지 못하는 어처구니 없는 일이 생긴 것이다.

하체 운동마저 그만두게 되니 그 여파는 서서히 나타나

기 시작했다. 유년기부터 있었던 척추측만증이 심해지면서 서 있으면 등이 불편해지고 힘들어지기 시작했다. 서 있기가 힘들어지니 앉는 일이 많아지고, 앉아 있기도 귀찮아지니 누워 있게 되었다. 하루 몇 시간씩 운동하고 웬만하면 서 있기를 선호하던 내가 누워있는 게 편한 사람이 되어버린 것이다. 10년간의 피와 땀이 수개월 만에 없어지는 것은 매우 무서운 일이었다. 창조는 어렵고 파괴는 쉽다는 말이 참 와닿았다. 나의 걸음걸이는 평소처럼 힘과 유연함이 조화롭게 공존하지 못했고 균형감은커녕 자신감마저 없었다. 내 몸의 쇠퇴가 이렇게 빨리 그리고 크게 느껴지는 것에 겁이 나기 시작했다.

하지만 이때 내가 할 수 있는 것은 빠른 회복을 기다리며 나태해진 행동패턴을 바꾸는 것밖에는 없었다. 잠 잘 때를 제외하고는 더 이상 눕지 않았고, 앉거나 서 있으려 노력했다. 평소에 보충제를 잘 먹지 않는 나였지만, 리서치를 통해 알게 된 부상회복에 도움이 된다는 펩타이드(Peptide)를 해외에서 구입해 시험해보았고, 사우나, 재활운동 등을 동반한 가능한 모든 것을 했다. 지금은 완전하지는 않지만 어느 정도 회복되어 무리 없는 범위 내에서 조금씩 예전의 상태로 돌아가기 위한 단계를 거치고 있다. 이 과정을 통해 우리의 몸, 특히 하체가 얼마나 소중한지 다시 한번 생각하게 되었다. 몸이 불편해지면 마음이 온전하게 버티기 힘들어진다. 힘들어지면 자기합리화를 하며 더 안 좋은 의사결정을 하게 되며 건강에 해로운 곳으로 아주 쉽게 향하게 된다. 하체의 건강은 바로 내 건강의 바로미터다. 건강한 하체는 우리의 삶을 지탱해주는 역할을 한다. 그러므로 우리는 끝까지 하체를 지켜내야 한다.

스쿼트

○- 스쿼트를 해야 하는 이유

+ 호르몬 분비 촉진 : 특히 중량 스쿼트는 몸의 큰 근육을 자극해 테스토스테론과 성장호르몬 분비를 촉진한다. 이러한 호르몬은 근육 성장과 회복을 도울 뿐만 아니라 정신건강에도 큰 영향을 미친다.

+ 심혈관 건강 증진 : 고강도 스쿼트는 심박수를 증가시켜 심혈관 건강을 개선하며 혈액순환에도 도움이 된다.

+ 체중 관리 : 신체에 가장 큰 근육군을 사용해서 근육과 간에 축적된 글라코젠을 가장 많이 소진하기 때문에 낮은 체지방을 유지하는 데 가장 효과적이다.

+ 관절 건강 개선 : 좋은 자세로 최대한의 가동범위로 움직이는 연습이 동반되는 경우, 발목, 무릎, 고관절 건강에 도움이 된다. 특히 완전한 가동범위 활용하는 경우 이유가 불분명한 허리 통증에 도움이 된다.

+ 노화 방지 및 독립적 생활 유지 : 스쿼트는 나이가 들어도 하체 근육과 관절을 유지하는 데 필수적이며, 독립적인 이동성을 지원하고 낙상 위험을 줄여준다.

+ 전신 근육 활성화 : 상체의 안정근까지 동원해 전신 운동으로 볼 수 있으며 바벨 등 중량을 사용할 경우 어깨, 팔, 등까지 활용하게 된다.

+ 하체 근육 강화 : 일상생활에서의 이동성과 안정성을 향상한다.

+ 코어 안정성 및 강화 : 좋은 자세로 행할 경우에만 적용되니 자세에 신경을 써야 하며, 허리부상 방지에 큰 역할을 한다.

+ 매일 30분 걷기보다 에어 스쿼트(Air Squat)를 45분마다 10회씩 할 경우, 혈당 관리가 더 효율적이라는 연구결과가 있다.

○─ 스쿼트의 종류

+ 에어 스쿼트(Air Squat) : 어떠한 장비도 없이 맨몸으로 하는 스쿼트.

+ 백 스쿼트(Back Loaded Squat) : 바벨을 상부 등에 위치시키는 스쿼트.

+ 프론트 스쿼트(Front Loaded Squat) : 바벨을 어깨 앞에 위치시켜 수행하며, 백 스쿼트보다 쿼드와 코어 근력을 더욱 강조함.

+ 고블렛 스쿼트 (Goblet Squat): 덤벨이나 케틀벨을 가슴 높이에서 잡고 수행하는 스쿼트로, 초보자가 올바른 스쿼트 자세를 배우는 데 유용함.

+ 오버헤드 스쿼트 (Overhead Squat): 바벨이나 덤벨을 머리 위에서 잡고 수행하며, 균형, 유연성, 코어 안정성을 키우는 데 유용함.

+ 스플릿 스쿼트 (Split Squat) : 바벨을 프론트 또는 백에 위치시키고 발을 앞뒤로 넓게 벌린 후 스플릿 하듯이 수행하며, 하체 전반적인 가동범위와 힘을 동시에 향상함.

○─ 운동 팁

+ 에어 스쿼트는 매일 한다. 하루에 적게는 1세트, 많게는 1시간에 1세트씩 총 10세트 실행한다.

+ 최대한의 가동범위를 활용하는 것이 핵심이다. 고관절, 무릎, 발목이 완전히 접히는 만큼 내려가야 한다. 가동범위에 제한이 있다면, 매회 실행하면서 조금씩 가동범위를 늘리려 노력한다. 나이가 들면 들수록 가동범위의 확보는 생명을 지킬 만큼 중요하다.

+ 템포는 3초에 걸쳐 천천히 내려갔다가, 최하점에서 1초 버티고 최대한 빨리 올라오기를 10~20회 실행한다.

+ 내려갈 때 양팔을 앞으로 뻗고, 복부를 살짝 내밀어 힘을 주고, 상체는 최대한 편 상태를 유지하며, 시선은 앞을 향한다.

+ 발 전체에 체중이 골고루 퍼지게 하며 균형을 잘 지켜야 한다. 뒤꿈치에만 체중이 실리지 않게 하자. 이때 발가락의 감각도 느껴보자.

+ 중량 스쿼트(스트렝스 훈련)는 일주일에 2번 한다. 처음에는 고블렛 스쿼트로 시작했다가 장비와 장소가 마련되었다면 서서히 백 스쿼트 또는 프론트 스쿼트로 바꾸자. 보다 도전적인 가동범위와 효과를 원한다면 중량 스플릿스쿼트(Back loaded Split Squat)를 적극 추천한다. 단, 점진적으로 접근하도록 하자.

+ 전통적인 5랩 x 5세트가 아닌, 7~10랩 × 5세트를 한다. 5×5 보다 상대적으로 낮은 중량으로 관절에 부담을 줄이되 강도를 유지하기 위해 횟수를 늘린다. 참고로, 1RM(1 Rep. Max. 즉, 1개 수행 가능한 최대치) 무게의 70% 정도로 5세트를 수행할 수 있는 무게가 테스토스테론 분비에 효과적이라고 한다.

+ 중량 스쿼트의 무게는 무리하지 않는 범위 내에서 점진적으로 늘리되 자세와 템포에 신경을 쓰자.

+ 중량 스쿼트시 템포는 역시 3초에 걸쳐 내려가고 최하점에서 머물지 않고 바로 올라오는데, 반동으로 팅기며 올라오는 것은 피한다. 이때 에어스쿼트로 확보된 가동범위를 모두 활용한다. 정확한 템포는 30×0(3초=내려가기, 0초=밑에서 머물기, ×=가속하며 올라오기, 0초=위에서 머물기) 이다.

+ 절대 중량 또는 횟수를 늘리기 위해 가동범위를 희생하지 실행하지 말자.

스쿼트
*다음의 QR코드를 접속하시면 운동 지도 영상을 볼 수 있습니다.

중심 잡기

흔들리며 제자리를 찾는 것들

무엇을 먹어야 건강하게 살 수 있는가?

"뭐 드세요?"

이 질문을 제일 많이 받는다.

사실 "무엇을 먹어라"가 아니다.

"무엇을 피해야 하나"가 먼저다.

내가 안 먹는 것들은 이렇다.

액상과당,

GMO,

술,

불분명한 재료 – 모르면 안 먹는다.

'뭘 먹어야 좋아?' 보다 '뭘 피할까?' 하는 고민이 먼저다.

내 몸에 들어가는 것, 조금만 조심하면 몸도 마음도 편해진다.

결국 건강이 제일이다.

오늘도 건강하자.

음식으로 중심 잡기

어린 시절, 나는 어머니로부터 "너는 왜 이렇게 안 먹냐"는 타박을 자주 들었다. 식사 때면 어머니는 나를 따라다니며 억지로 음식을 먹이려 하셨다. 주위 사람들의 권유로 먹지 않으면 먹이지 말고 배고플 때까지 두라고 했을 때, 나는 무려 3일 동안 아무것도 먹지 않았다고 한다. 그 당시 나는 음식을 싫어하는 줄 알았다. 그러던 어느 일요일, 아버지를 따라 테니스 모임에 가게 되었고, 도심 외곽의 허름한 설렁탕집에 들렀다. 음식에 별로 관심이 없던 나는 큰 기대 없이 들어갔다. 당시에는 어린이 메뉴가 없던 시절이었다. 그런데 아버지는 날 위해 설렁탕 한 그릇을 주문하셨다. 키가 작아

매번 1번 또는 2번을 담당하던 국민학교 2학년인 내 앞에 놓인 대접에 가득 찬 국물과 수북이 쌓인 공기밥은 너무도 많아 보였다. 그런데 놀랍게도, 작은 항아리에 담긴 벌겋게 잘 익은 김치는 내 오감을 자극했고, 나는 순식간에 밥 한 그릇과 국 한 그릇, 그리고 매운 김치를 순식간에 먹어치웠다. 김치와 국물까지 모조리 싹싹 비운 나를 보고 환하게 웃으시던 아버지의 모습이 아직도 생생하다.

사실 나는 음식을 좋아하는 아이였다. 단지 뚜렷한 선호도가 있었던 것 뿐이다. 어머니를 포함해 외가 식구 대부분이 왕성한 식욕을 자랑한다. 그래서 입맛이 없다는 사람들의 말이 "이해가 안 간다"고 말씀하신다. 요리 실력이 좋아지기 힘든 환경이다. 그날 이후로 내가 좋아하는 음식들을 찾아 먹기 시작했고, 좋아하는 것들은 정말 많이 먹었다. 나보다 머리 하나는 더 큰 친구들보다 식욕이 왕성했다. 어린 시절 활동량이 많았고, 신진대사가 활발해서였을까? 살이 찌는 것을 상상해본 적이 없었던 나였는데, 30세가 넘어서부터는 서서히 배가 나오기 시작하고 움직이면 쉽게 지치곤 했다. 사회생활이라는 핑계로 술도 자주 많이 마셨고, 운동을 시작해도 6개월 이상 꾸준히 하지 못했다. 음식에 대한 이해도 없었기에 변화의 필요성과 의지 역시 부족했다.

30대 후반, 인도네시아 법인에서 3년간 근무할 때는 술과 업무만이 내 삶의 전부가 되었다. 주말에 한 번 나가는 골프 라운딩만이 유일하게 하는 나름의 신체 활동이었다. 당시 거주했던 인도네시아 수도 자카르타의 환경적 특성상 항상 차량으로 이동했고, 도보로 이동하거나 산책을 하는 일은 거의 없었다. 그나마 새롭게 이사해서 들어간 아파트는 환경이 좋아 아파트 내 산책로를 포함해 야외풀장, 웨이트룸이 있었지만 이용하는 일은 흔치 않았다. 그렇게 살아가던 중 2010년 새해를 아파트 옆 상가에 있는 바에서 홀로 맞이하는 일이 있었다. 위스키를 마시며 새해 카운트 파티 영상이 나오는 TV를 멍하니 보고 있다가 갑자기 머리를 맞은 듯이 강한 질문이 떠올랐다.

'계속 이렇게 살아도 되나?'

40세가 되어가는 시점, 내 삶에 큰 변화가 필요하다는 것을, 그리고 매우 시급하게 바꿔야 한다는 위기감마저 드는 계기가 되었다. '배우자도 없이 혼자 여생을 살아야 하는데 건강까지 못 챙긴다면 어떻게 되는걸까?' 하는 생각에 정신을 차리지 않을 수 없었다. 20년 넘게 피우던 담배부터 끊기로 했다. 30대 초반에 시도했다가 실패했던 기억을 떠올리며 철저히 관리했다. 그리고 지금까지 나는 단 한 번도 담배를 피우지 않았다. 오랫동안 손 놓고 있던 웨이트 훈련을 다시 시작했다. 40세가 되던 해 한국으로 복귀하면서 새로운 직책과 환경에 적응하는 중에도 웨이트 훈련은 게을리하지 않았다. 저녁 약속이 없는 날이면 회사 건물 내 헬스장에 가서 꼭 1시간 반 정도 운동을 했고, 주중에 회사의 일정으로 인해 운동을 하지 못했을 때는 토요일에라도 나와 꼭 운동했다. 이때 죽마고우 사이먼과 이런저런 정보를 공유하며 40대에 앞으로 내 몸을 어떻게 관리해 나갈지 지식을 쌓았다. 사이먼과 만나면 예전처럼 술을 마시는 대신 그동안 얻은 정보를 자랑하며 서로의 건강한 노년을 향한 현재의 노력을 지지하고 응원했다.

팟캐스트에 출연한 전문가가 추천하는 책이나 기사 등을 찾아보며 공부하는 것이 나의 취미가 되었다. 그중 《밀가루 똥배(Wheat Belly)》라는 책은 베스트셀러로 나에게 음식에 대한 기초적 이해를 돕는 자료 중 하나가 되었다. 몇 년 후 이 책이 한국에 번역판이 출간되었을 때, 나는 수십 권을 구매해 친지와 거래처에 선물하기도 했다. 당시 팔레오 다이어트

(Paleo Diet), 키토제닉 다이어트(Ketogenic Diet)가 각광을 받으며 많은 관심을 받았다. 롭 울프(Robb Wolf), 마크 시손(Mark Sisson) 등 그 분야의 선두주자들에게 많은 영향을 받아 팔레오도 해보고, 키톤스틱으로 소변검사를 하며 키토제닉도 엄격하게 시도해봤다.

지금의 나는 어떤 다이어트 트렌드도 따르지 않는다. 가장 중요한 것은 단순한 것에서 찾을 수 있다고 이제는 믿기 때문이다. 나에게 가장 중요한 것은 재료 선별이다. 음식을 고를 때 물어볼 것은 "무엇을 먹을지"가 아니라, "무엇을 피할지"라는 것을 항상 적용한다. 건강하고 싶다면 스스로 찾아보고 그것을 기반으로 내 몸에 실험해보는 시간이 꼭 필요하다. 이 과정을 통해 나의 환경을 더 잘 들여다보게 되고, 그에 적합하지만 건강한 식생활이 무엇인지 조금씩 알아가게 되는 것이다. 좋은 음식, 내 몸에 잘 맞는 음식을 먹으면 내 모습과 컨디션이 완전히 달라진다. 이제 나는 누가 무엇이 좋다고 하는 유행 식단에 휩쓸리지 않고, 각자의 환경 속에서 지속가능한 재료들을 기반으로 해로운 것을 배제하고 보다 건강한 재료를 섭취하려고 노력하고 있다. 좋은 컨디션은 주변 사람들과의 관계를 즐겁게 만들고 일의 능률도 올린다.

어깨가 불편하면 움직이지 않게 된다

안 쓰면 녹슨다.

어깨가 불편할 때 뭘 하는지

어떤 운동이 좋을지 많이 질문 받는다.

매일 팔이 매달려 있기에 고생하는 어깨를 달래는 수밖에.

우선 양팔 앞뒤로 흔들기.

최대한 앞뒤 간격을 널널하게, 무릎은 살짝 굽혀야 무리가 안

간다.

노래 한 곡 1절 듣는 정도면 된다.

이제 양팔 앞뒤로 돌리기.

몸통에 힘을 잘 유지하자.

이렇게 움직이는 방향도 바꾼다.

헷갈릴 수 있으니 다시 보자.

이렇게 새로운 자극이 필요하다.

무작정 반복하면 노동이 된다.

안 쓰는 어깨일수록 버벅거린다.

'Use it or Lose it.'

안 쓰면 사라진다.

시선은 정면, 몸통 힘 유지, 팔을 유연하게 흔들자.

나이가 들어 아픈 게 아니다.

안 쓰고, 잘못 써서 아픈 거다.

오늘부터 해보자.

건강이 제일이다.

세상에서 가장 불편한 것 중 하나는 어색한 만남이다. 사실 새로운 만남이 첫 시작부터 자연스러울 수는 없겠지만, 그 어색함은 여전히 나에게 불편함으로 다가온다. 제주도에서 2년 동안 아내와 강아지들과 함께 생활하다가 육지로 다시 복귀한 후 몇 주가 지나자, 아내가 조용히 대화를 요청했다. 아내는 임상심리학자다. 조용히 대화를 요청할 때면 항상 긴장하게 된다. 아내는 요즘 서울로 돌아와서 나를 관찰하면서 종종 우려스러운 부분들이 보였다며 이야기를 시작했다. 사람을 만나지 않는 환경에 오래 익숙해지다 보니 사람을 피하는 경향이 생겼고, 그래서 사람을 대하는 것이 어색해진 것 같다고 했다. 처음 직장에서부터 영업을 총괄하는 임원이 되기까지 나는 불편한 상황 속에서도 수많은 사람을 만나 왔다. 결과적으로 잘 해냈기에 젊은 나이에 높은 자리까지 올라갈 수 있었을 것이다. 그러나 제주도에서의 2년 생활은 사람 대하는 법을 내 머리에서 지우기에 충분했다.

제주도에서의 일상은 매일 아침 7시에 기상해, 아내와 함께 강아지 두 마리와 산책하며 30분 정도 걷는 것으로 시작했다. 그 후 모닝커피를 즐기며 한 시간 대화를 나누고 9시경에는 나의 오전 수련이 시작되었다. 11시쯤 아내와 함께 첫 식사를 준비하고 먹은 후 한 시간 낮잠을 잔다. 이른 오후 두 시간가량 수업을 지도한 후 늦은 오후 약 두 시간 개인 수련을 하고 잠시 쉰다. 그리고 혼자 또는 아내와 저녁을 준비해 함께 식사를 한다. 저녁이 되면 이미 몸은 지쳐 있어 책을 읽거나 아내와 함께 영화를 보며 시간을 보내다가 저녁 10시쯤 잠자리에 든다. 하루 일정에 사람을 만나 교류하는 시간은 전혀 없었다.

내가 사는 집은 멀게 한라산이 보이는 12가구만 모여 있는 작은 시골 마을이다. 다행히 좋은 이웃들과 함께 살았지만, 만남에는 자연스럽게 술이 끼기 마련이기에 친목을 하는

자리는 피하고 지냈다. 사람과의 교류가 전무한 생활을 마치고 서울로 다시 올라오기 위한 이사 준비, 새롭게 거주할 곳 찾기, 사무 공간 알아보기 등 할 일이 많았으나, 자연스럽게 아내에게 부탁하게 되었다. 사람 만나는 것은 물론, 전화 통화마저도 부담스러워 문자로 소통하는 것을 선호하게 된 것이다. 어릴 때부터 반항기를 머금고 주도적으로 살아왔던 내가 2년 사이에 이렇게 변해버린 것이다. 아직 예전의 상태로 돌아왔다고 할 수 없다. 아마도 완전히 예전으로 돌아가기는 힘들 것이다.

사람이 고독해지면 더 빨리 늙는다는 것은 부인할 수 없는 현실이다. 그래서 귀찮고 싫더라도 사회성을 되찾으려는 노력을 시작하게 되었다. 요즘은 한 달에 한두 번씩 제주도 집에 가게 되면, 항상 이웃들과 자리를 만들어 식사도 하고 가볍게 술 한잔도 한다. 하루 꽉 차 있던 개인 수련 시간을 조정하여 테니스를 배우며 클럽 사람들과의 교류도 시작했다. 취미로 홀로 즐기던 할리데이비슨도 이제는 되도록 함께 타려고 약속을 애써 만들거나 정기적인 모임에 꼭 참석한다.

개인 수련을 통해 나의 신체적 그리고 정신적 내구력을 키워낸 것은 사실이다. 그러나 과연 이것만으로 내가 이 사회에서 앞으로 계속 온전히 버텨낼 수 있을까? 그렇지 않을 것이라고 나는 생각한다. 산 속에 들어가 도를 닦으며 어느 분야에 숨은 장인이 되는 것도 의미 있는 일이겠지만, 인간은 사회적 동물이기에 교류 없이는 존재하기 힘든 것이다. 흔히 은퇴하고 귀농을 생각하는 사람들이 아직도 많은 것 같다. 하지만 귀농을 경험하고 포기하는 이들도 많다고 들었다. 마음이 바뀌는 데에는 여러 이유가 많겠지만, 그중 하나는 복잡한 사회와의 단절에서 오는 외로움일 것이다. 사람들과의 교류 없이 섬에서 산 2년의 고독은 내 자신을 조금 더 알게 되는 기회였다.

제주도에서의 생활은 겉보기엔 평화롭고 낭만적으로 보일 수 있다. 매일 아침 바다 냄새를 맡으며 강아지들과 산책을 하고, 신선한 재료로 식사를 준비하고, 자연 속에서 수련을 하며 시간을 보내는 것은 많은 이들이 꿈꾸는 삶일 것이다. 그러나 이 고요함 속에서 나는 서서히 사람과의 교류를 잃어갔고, 그 결과는 예상보다 훨씬 더 심각했다. 어렸을 때부터 미서부와 자연 속에서의 삶에 대한 로망이 있었지만, 로망으로만 받아들이기로 했다. 불편하고 싫은 부분이 있더라도 사람과 더불어 살아야 온전하게 사람답게 살 수 있다는 것을 알게 되었다. 나는 여전히 자연을 좋아하고 자주 즐기려 한다. 하지만, 부인할 수 없는 도시남인 것을 받아들이기로 한 것이다.

육지로 돌아왔을 때 나는 불안감에 휩싸였다. 사람들과의 대화가 어색하게 느껴졌고, 심지어 가까운 지인들과의 만남조차 부담스러웠다. 그동안 어떻게 이렇게 변해버렸을까? 아내는 그런 나의 변화를 눈치채고 있었다. 내가 사람들을 피하는 경향이 생긴 것을 걱정하며, 다시 사회 속으로 돌아갈 방법을 찾는 데 도움을 주려고 했다. 처음에는 매우 힘들었다. 사람들과의 만남이 불편하니 웬만하면 자리를 피했다. 하지만 아내의 지지와 도움 덕분에 조금씩 변화를 시도할 수 있었다. 이웃들과의 자리를 피하지 않고, 새로운 취미를 통해 사람들과 교류하며, 사회적 활동에 참여하려고 노력했다. 물론 이 모든 것이 쉬운 일은 아니었다. 많은 인내와 용기가 필요했다. 이제 나는 예전처럼 활발하게 사람들과 교류하지는 않지만, 사람들을 피하지는 않는다. 나의 일상 속에서 사람들과의 만남을 중요하게 생각하고, 그 만남을 통해 얻는 에너지를 느끼려고 노력하고 있다. 이런 노력 덕분에 나는 조금씩 예전의 모습들을 되찾아가고 있다.

인간은 사회적 동물이다. 혼자서는 완전할 수 없다. 사람들과의 교류가 없으면 우리는 고립되고, 그 고립은 결국 우리를 더 큰 외로움 속으로 몰아넣는다. 나 역시 이 사실을 깨닫고 나서야 비로소 진정한 삶의 의미를 되찾을 수 있었다. 앞으로도 나는 끊임없이 사람들과 교류하며, 사회 속에서 나의 자리를 찾기 위해 노력할 것이다. 그리고 어렸을 때부터 미서부와 자연에 대한 로망이 있었던 나이지만, 이제는 로망으로만 간직한다. 내가 도시남인 것을 인정한 것이며, 현재 '4도3촌'의 생활을 추구하고 있다.

팔 돌리기

팔 돌리기는 전신 운동이다. 견고한 하체 스탠스를 기반으로 만들어내는 몸통 회전의 힘을 팔의 운동 에너지로 바꾸어 팔이 앞뒤 방향으로 돌게 하는 것이다. 이때 어깨 전체에 힘을 빼려 노력하며 팔이 보다 큰 원을 그리게 하는 것이 좋다.

○- 팔 돌리기를 해야 하는 이유

+ 한 자세로 앉아 많은 시간을 보낼수록 우리의 어깨는 굳어간다. 굳어진 어깨는 등 그리고 승모에까지 영향을 주어 결과적으로 팔의 움직임에 제한이 생기고 어깨 통증의 원인이 되기도 한다.

+ 40대, 50대에 흔히 발생하는 오십견을 예방하거나, 재활하는 데 매우 효과적이다. 오십견의 원인은 노화와 퇴행성 변화, 운동 부족 또는 과사용 등이 있다. 노화와 퇴행성 변화를 거스를 수는 없지만 충분히 늦출 수 있다. 운동을 하고 있어도 잘못된 움직임 패턴으로 과사용하는 경우 오십견이 생길 수 있다.

+ 어깨는 우리 몸에서 유일하게 모든 방향으로 가장 큰 각도로 움직일 수 있도록 만들어진 관절이다. 그만큼 복잡한 구조로 이뤄져 있다. 반면, 우리의 생활패턴 그리고 운동패턴은 어깨의 본래 기능을 최대한 활용해내지 못하는 경우가 많다. 간단한 팔을 돌리는 운동으로 어깨의 가동범위를 확보하면서 점차 건강한 어깨 만들기를 추천한다.

+ 근육이 수축하는 능력만큼 중요한 것은 능동적으로 이완하는 능력이다. 우리가 자주 사용하는 이두근과 삼두근을 보자. 빠르고 가볍게 움직일 때와 느리고 무겁

게 움직일 때 근육은 적절히 필요한 만큼 수축하고 이완한다. 자연스럽게 움직이게 하는 것이 어려운 이들은 많지 않을 것이다. 어깨, 날개뼈, 쇄골, 척추를 연결하는 모든 근육을 생각해보자. 우리가 자주 사용해온 이두근과 삼두근만큼 수축과 이완을 필요한 만큼 적절히 수행해낼 수 있을까? 대부분은 아닐 것이다. 단순한 팔 돌리기를 통해 어깨, 가슴, 등에 있는 많은 근육과 친숙해지고 조절(수축과 이완)이 가능해지는 훈련을 하게 된다.

✦ 우리는 흔히 근육이 뭉치고 스트레스를 받고 있을 때 마사지를 통해 푼다. 하지만 일상생활로 돌아오면 몸은 다시 굳게 되는 경험을 한다. 우리의 근육을 온전하게 통제해내는 능력이 없기 때문에 평소 생활패턴이 기껏 풀어놓은 근육을 바로 리셋 상태로 돌려놓는 것이다. 신체에 대한 온전한 제어능력이 결여되면 될수록 몸은 쉽게 굳는다. 특히, 우리의 복잡한 어깨와 등은 더욱 그렇다. 어깨는 매우 복잡한 구조에 비해, 제어능력은 현저히 떨어지는 것이 일반적이다. 따라서 우리는 어깨와 연결된 여러 부위의 신경망을 되살리는 데 초점을 두는 것이다. 팔을 돌리고 있는 상태에서 팔의 원활한 움직임을 방해하고 있는 연결조직을 느끼고 찾아내어서 능동적으로 이완하는 반복적인 행위를 통해 우리는 비로소 내 어깨의 본연의 기능을 되찾을 수 있다.

○ 팔 돌리기 팁

✦ 보폭은 어깨 너비로 하고 무릎은 살짝 구부린다. 골반은 후방경사가 되도록 살짝 말아둔 상태를 유지하고 허리를 편 상태로 선다.

✦ 처음부터 원활한 팔 돌리기가 힘든 경우 벽에서 시작한다. 팔을 내려놓은 상태에서 어깨가 벽에 닿을 듯 말 듯한 간격으로 선다.

✦ 팔을 돌리는 방향은 밑에서 시작해서 앞으로 가는 방향이다. 처음에는 팔을 천천히 돌린다. 팔이 앞으로 뻗어나갈 때 팔의 각도만 열리는 것이 아니라, 어깨 전체가 팔이 뻗는 방향으로 가도록 해야 한다. 팔이 앞으로 갈 때에는 날개뼈의 전인, 팔이 위로 갈 때에는 날개뼈의 상승, 팔이 뒤로 갈 때에는 날개뼈의 후인, 팔이 밑

으로 갈 때에는 날개뼈의 하강이 만들어져야 한다. 천천히 팔 돌리기를 반복하면서 손이 그리는 원이 점점 더 커지는 동시에 날개뼈의 움직임이 더불어 커지는 것이 핵심이다. 동작이 익숙해지면 가벼운 아령(1킬로그램 미만)을 손에 잡고 돌리기를 추천한다.

+ 벽을 기준으로 팔을 돌리다 보면 한 면에서 원을 그리는 동작이 익숙해질 것이다. 그렇다면 벽에서 멀어져서 하체를 이용한 팔 돌리기를 시도해보자. 견고한 하체 스탠스를 기반으로 만들어내는 몸통 회전의 힘을 팔의 운동 에너지로 바꾸어 팔이 앞뒤 방향으로 돌게 한다. 배에 힘을 주어 하체에서 만들어내는 힘이 상체로 고스란히 전달돼 팔을 통해 손끝으로 전달돼야 한다. 팔 돌리기를 하면서 배와 하체 근육이 자극을 받는다면 반은 성공한 것이다.

+ 그렇다면 나머지 반은 무엇일까? 그것은 수축이 아닌 능동적인 이완에 있다. 팔이 보다 큰 원을 그리도록 노력하면서 이를 방해하는 부위를 찾아내고 신경을 연결하려는 노력을 하는 것이다. 어깨와 주변 근육에 수축과 이완을 자유자재로 통제할 수 있다면, 내 어깨의 상태는 어떨까? 마사지를 받지 않아도 말랑말랑한 상태가 유지될 것이다.

+ 벽에서 천천히 하는 팔 돌리기는 좌우 30개씩 하자.

+ 벽에서 떨어져 빠르게 하는 팔 돌리기는 좌우 100개씩 하자. 1초에 한 바퀴이상 돌게 되므로 각각 1분 정도의 시간이면 된다. 하루에 2분의 투자면 되는 것이다. 최소 하루에 한 번 이상 하자. 많이 하면 할수록 좋다.

팔 돌리기
*다음의 QR코드를 접속하시면 운동 지도 영상을 볼 수 있습니다.

강하지만 부드러워야 한다

노화는 약해지는 것이라고 생각해서 강해지는 것에만 몰두하기 쉽다.

그런데 모든 것에는 균형이 필요하다.

강하기만 하면 부러진다.

강한 철과 부드러운 철이 고루 섞여야 좋은 칼이 완성되듯이 몸의 강함을 감싸는 부드러움이 우리 몸을 지켜줄 수 있다.

힘없이 축 늘어지지 말고 내 힘으로 부드럽게 움직여보자.

처음에는 다리나 팔, 등이 내 기대만큼 움직여지지 않는다.

매일 아침 꾸준히 움직이면 조금씩 부드럽게 움직이는 영역이 확장된다.

우리 손에 공평하게 주어진 검은, 몸이다.

힘만 줘서 때리면 댕강 조각이 난다.

검을 잘 휘두를 수 있도록 몸을 잘 활용해보자.

강함과 부드러움은 반대편의 적이 아니다.

조화로운 한편이 되도록 몸을 움직이자.

매일매일 조금씩 반복해서 불어넣은 호흡은 조금씩 몸을 더 가볍게 만들어준다.

오늘부터 시작해보자.

　　내가 의도하지 않게 인생의 교훈을 하나 더 배운 건 내 몸에서부터 시작되었다. 내 몸에서 발견한 작은 신체적 차이가 인생의 큰 교훈으로 이어졌다. 바로 내가 다른 사람들보다 좀 더 뾰족하고 긴 쇄골을 가지고 있다는 것. 처음에는 단순히 내 신체적 특징 중 하나로 여겼다. 하지만 시간이 지나면서 이 작은 차이가 내 몸의 균형과 건강에 생각보다 큰 영향을 미쳤다.

　　어린 시절부터 나는 몸 쓰는 게 좋았다. 당연히 체육 활동에 열정을 쏟았다. 레슬링, 축구, 야구, 스노우보드 등 다양한 스포츠를 통해 뛰어노는 것이 너무나 재미있었다. 그에 더해 운동신경이 없지 않아, 키가 크진 않았지만 뛰어나다는 평가를 자주 받았고 목표를 달성하며 발전하는 과정은 어린 나에게 큰 기쁨이었다. 그리고 '강함'이란 단어는 나에게 단순히 물리적인 힘이나 근육의 크기를 넘어서, 성공과 성취의 상징으로 자리잡기도 한 것 같다. 나는 언제나 더 높은 기록과 더 강한 체력을 목표로 운동에 몰두했다. 고등학교 레슬링 선수부에서 활동을 할 때도 넘치는 에너지와 의욕에 훈련이 끝난 후에도 더 많은 시간을 투자하고 매일매일 더 강해지려 노력했다. 내 목표는 명확했다. 체력을 기르고 힘을 키우고, 언제나 한 단계 더 나아가 내 자신을 증명하는 것이었다. 그리고 이런 강함에 대한 내 열망은 학교를 졸업하고 한참 세월이 지난 후 운동을 할 때도 계속 남아 있었다. 그런데 이게 나에게 예상치 못한 결과를 가져올지는 몰랐다.

나이가 들어 운동을 하면서 점점 몸에 변화가 생겼다. 팔과 어깨에 불편함을 느끼기 시작했다. 처음에는 단순한 피로감이라며 가볍게 넘기려 했지만, 증상은 점점 심해졌다. 어떨 때는 팔을 올리거나 회전시키는 것이 어려워졌고, 밤에는 어깨가 쑤셔서 잠을 설칠 때도 있었다. 운동을 잘못해서 그런 것이라고도 생각하고, 더 강하게 단련시키면 된다고도 생각하며 다양한 운동을 하면서 더 많은 시간을 투자했지만, 쉬이 나아지지 않고 통증이 계속됐다. 결국, 병원에서 검사를 받았는데 의사는 회전근개 근육의 피로가 심각하다고 진단하며 중요한 사실을 알려줬다. 내 쇄골은 다른 사람들보다 더 길고 뾰족하기 때문에, 그 주변의 근육들이 훨씬 더 많은 부담을 안고 있었다는 것이다. 다시 말해, 나의 신체적 특성과 운동 방식이 상충하고 있었던 것이다. 내가 강해지기 위해 했던 운동이 내 몸을 더 아프게 만들었던 것이다.

이때부터 나는 운동과 건강에 대한 접근 방식을 완전히 바꾸기로 결심했다. 강함과 부드러움의 균형점을 찾는 것이 얼마나 중요한지를 깨달았다. 나는 이제 단순히 강해지기 위해서만 운동을 하지 않는다. 강도 높은 운동을 하면서도 근육을 회복하고 편하게 이완되는 상태를 유지하는 방법을 안다. 회복을 위한 충분한 휴식과 회복 루틴의 시간을 가지기 시작했다. 또한 운동 전후에 올바른 준비 운동과 정리 운동을 통해 부상을 예방하려고 노력한다.

이러한 변화는 처음에는 어색하고 부족하게 느껴졌다. 하다가 만 것 같기도 하고, 뭔가 부족한 것 같이 느끼기도 했다. 그런데 시간이 지나면서 몸의 반응이 달라졌다. 근육의 피로감이 줄어들었고, 어깨와 팔의 불편함이 점차 사라졌다. 운동을 하면서도 더 이상 통증에 시달리지 않게 되었고, 체력 관리가 훨씬 더 효과적으로 이뤄졌다. 강함과 부드러움의 균형이 잡혀갈수록 내 몸이 더 건강하고 안정적으로 변해가는 것을 체감하게 되었다.

그리고 어느 순간 놀라운 사실을 알게 되었다. 강함과 부드러움에 경계선이 없어지기 시작한 것이다. 아침에 일어나 찌뿌둥한 몸을 풀거나 스트레칭을 할 필요도 없어진 것이다. 마치 어린아이의 몸처럼 자연스러움을 늘 유지하게 된 것이다. 굳이 힘, 유연함, 파워 등의 단어로 구사될 수 없는 몸의 상태인 것이다. 내 몸은 이제 아침에 일어나 웜업 없이 평소에 가능한 범위에 스플릿 등 가동범위를 표현하는 대부분의 동작들이 가능하다. 또한 중량 스쿼트 역시 웜업 세트 없이 바로 들어간다. 가능한 일이다. 이러한 능력은 이제 나뿐만이 아니라 우리 수련생들에게도 당연한 기본 능력이 되었다.

사실 이 경험은 단순히 운동에만 국한되는 것이 아니다. 일상생활에도 적용된다. 강하게만 밀어붙이기보다는 균형을 맞추기 위해 강약조절을 하는 것이 얼마나 중요한가. 이는 일과 삶의 관계, 인간 관계 그리고 개인적인 성장에도 모두

나이들수록
매달려야 하는 것들

적용되는 진리다. 직장에서 중요하고 시급한 프로젝트를 추진할 때 강압적인 지시를 하며 결과를 요구한다면, 성과를 내기도 전에 팀워크가 무너져 버릴 수 있다. 비록 성과를 냈더라도 좋은 경험으로 남지 않을 것이다. 왜 해야 하는지 왜 시급한지 상황을 있는 그대로 차분히 잘 설명해주고 응원하며 믿고 맡길 때, 성공적인 결과물을 얻어내는 것을 보았다. 그리고 모두에게 한 단계 성장하는 긍정적인 경험으로 남았던 기억이 있다. 지시 전달의 단호함 속에 상황을 이해시키고 자발적인 참여를 유도하는 것이 얼마나 중요한지 알고 있다.

강함과 부드러움의 균형점을 찾는 과정은 결코 쉬운 일이 아니다. 하지만 그 과정에서 얻은 지혜와 경험은 내 삶의 많은 부분에 긍정적인 영향을 미쳤다. 이제는 강함과 부드러움, 이 두 가지 요소를 조화롭게 다루는 것에서 더 나아가 그 둘 사이에 존재하는 유기적인 그 '무엇'을 향유하는 지혜롭고 더 건강한 삶을 살아가고 있다.

소문에 흔들리지 말자

근거 없이 떠도는 소문은 우리를 혼란스럽게 하고, 때로는 우리의 행동을 좌우한다.
흔들리지 않고 자신의 길을 당당히 걸어가는 법을 배워보자.

소문의 본질을 이해하라.
소문은 대개 근거 없는 이야기에서 시작된다. 사람들은 확인되지 않은 정보를 마치 사실인 것처럼 퍼뜨리기 좋아한다. 소문은 진실과는 거리가 멀다. 그것을 이해하는 것이 첫걸음이다.
비판적 사고를 가져라.
소문을 들었을 때 무조건 믿지 말고, 비판적으로 생각하라. 그 정보의 출처는 신뢰할 만한가? 그 내용은 논리적인가? 진실을 확인하기 전까지는 소문을 사실로 받아들이지 마라.
자신의 판단을 믿어라.
남들이 뭐라고 하든, 당신의 판단을 믿어라. 소문에 흔들리지 않고 자신의 기준을 가지고 행동하는 것이 중요하다. 당신의 가치관과 원칙을 지켜라. 그것이 진정한 강함이다.

소문을 무시하라.

소문에 신경 쓰지 마라. 그것은 당신의 에너지를 소모시킬 뿐이다. 소문을 무시하고, 당신의 목표에 집중하라. 소문은 잠시일 뿐, 당신의 성취는 영원하다.

삶에 흔들리지 않기 위해서는 자신을 믿고, 자신의 길을 걸어야 한다.

남들이 뭐라고 하든, 나만의 판단과 원칙을 지키자.

27

말 속에서 중심 잡기

나는 30대 후반까지 흡연가였다. 인도네시아에서 다시 한국 지사로 발령을 앞두고 담배를 끊기로 결심했다. 이유는 직원들과의 담배타임이 가지고 있는 습관적 중독성을 잘 알고 있었기 때문이다. 참고로, 나는 30대 초반에 이러한 이유로 금연을 실패한 경험이 있었다. 출근 후, 직원들과 커피 한 잔하며 서로의 안부도 묻고, 회사, 업계, 사회, 이슈 등 다양한 소재의 이야기를 나누는 시간은 회사생활에 중요하고 가장 기다려지는 시간이었다. 그 점을 알고 있었기에, 귀국 후 새로운 환경과 조직에 적응하면서 금연을 시도하는 것은 더욱 어려울 것이라 판단해서였다. 귀국하고 보니 당시 한국

법인 대다수의 부서장과 팀장들이 흡연가였다. 그래서일까, 내 마음 한켠에는 슬그머니 내가 혹시나 중요한 회사업무나 업계 정보에서 외톨이가 되지 않을까 우려되는 마음이 생겼다. 그럼에도 불구하고 나는 금연을 꿋꿋이 이어갔다.

그러던 어느 날 부하직원이 타 부서에서 들은 소문을 전달해줬다. 물론 부정적인 내용이었다. 그는 이 소문으로 인해 큰일이 난 듯 나에게 보고 아닌 보고를 하며, 우리에게도 영향을 주지 않을까 걱정했다. 정황을 살펴보니 내가 유추해 낼 수 있는 배경이 떠올랐고, 내가 알고 있는 범위 내에서 설명을 하며 우려할 필요 없다고 얘기해주었다. 그러나 점점 그 소문들이 부서 내에 퍼져나가며 불안감을 조장하기에 이르렀다. 그 소문이 진실인지 아닌지, 그 내용이 무엇인지에 따라 사람들의 반응도 달라졌다. 문제의 심각성을 감안하여 나는 관련 부서장과 인사팀장 그리고 대표이사에게도 소문의 진위 여부를 확인하게 되었다. 결과적으로는 헛소문이었고 특정 인물과 그 주변 담배 멤버들에 의해 발생된 왜곡된 이야기였다. 문제가 심각하게 와전되어 결국은 소문을 악의적으로 퍼트린 당사자를 회사 차원에서 조사하여 찾아내게 된 큰 사건이었다.

담배타임에 참여하지 않으면 크든 작든 내가 손해 보는 것이 있을 것이라는 우려가 늘 있었다. 한국 직장문화에서는 그 시간들이 단순한 휴식 시간을 떠나, 직원들 간의 소통이 이뤄지고 관계를 돈독히 하는 도구로 활용되기도 했기 때문이다. 하지만 금연을 결심하고 나서 나는 그 시간을 다른 방식으로 채우기 위해 노력했다. 예를 들어, 점심시간에 운동을 하거나, 휴식시간에 책을 읽거나 업무와 관련한 큰 그림을 그리는 시간에 투자했다. 이메일 확인과 응답 그리고 시급한 업무 처리 등이 일단락되면 책상의자를 돌려 창밖을 보며 사색에 빠지는 시간은 내가 가장 고대하는 일상이었다. 이렇게 나만의 시간을 가지면서, 나는 나 자신에게 더욱 집중할 수 있게 되었다. 소문과 분위기에 흔들리지 않는 나만의 원칙을 세우고, 모든 사람들을 앞서 나갈 수 있는 원동력과 비전이라는 강력한 무기를 가지게 되었다. 담배타임 없이도 여전히 부하 직원들과 유쾌하고 의미 있는 소통이 되고 있음을 느끼는 일들이 많아졌다. 조직의 리더로서 불필요한 소문에 영향을 받는 일 없이, 원칙과 소신을 지키며 일했다고 나는 믿는다.

어느 날, 잦은 담배타임과 소문에 대한 노출도가 매우 높았던 한 직원이 찾아와 고민을 털어놓았다. 그는 자신과 팀에 대한 소문 때문에 회사에서 갈등이 생기고, 자신도 그로 인해 심한 스트레스를 받고 있다고 했다. 나는 내가 해줄 수 있는 말을 해주었다.

"소문은 언제나 있을 거야. 하지만 그것에 휘둘릴지, 아니면 자신의 길을 걸어갈지는 오로지 너에게 달려 있어. 중요한 건 네가 어떤 사람인지, 네가 어떤 원칙을 지키며 살아가고 싶은지에 대해 명확히 하는 거야."

그 직원은 내 말을 진지하게 들었다. 나는 이어서 말했다.

"나도 한때 소문에 흔들렸지만, 결국 나를 믿고 나만의 길을 걸어가는 것만이 유일한 길이라는 것을 깨달았어. 너도 네 자신의 판단과 원칙을 믿고, 흔들리지 않기를 바란다."

그 후, 그 직원은 소문에 대한 노출을 줄이고 새로운 시작을 위해 금연까지 결심하게 되었다. 그런데 그가 금연을 시작하고 얼마 되지 않아 종종 부작용이 발생하기도 했다. 회의 중 그가 조금 당황하는 상황이 있을 때면 심한 금단현상을 보이며 이상한 목소리로 실언을 하곤 했다. 그럴 때면 나는 농담 삼아 "야 S부장, 제발 담배를 다시 피우지 그래? 제발…"이라고 했던 기억이 난다. 하지만 그는 더 이상 소문에 흔들리지 않으려 했고, 오히려 자신의 일에 더 큰 자부심을 가지고 팀을 보다 단단하게 잘 꾸려나가는 리더로 성장하고 있었다. 그로부터 몇 년 후에 그가 신설 부서의 부서장으로 승진했다는 소식을 들어서 기뻤다.

소문은 언제나 무성하다. 하지만 그 시절 나는 소문에 흔들리지 않기로 결심했다. 소문에 휘둘리지 않기로 선택하고 금연하면서 담배타임의 소소한 즐거움은 사라졌지만, 그 대신 나 자신을 믿고, 나만의 길을 걸어가는 더 큰 즐거움을 찾았다. 금연을 통해 얻은 새로운 시간과 여유는 나를 더 단단하고 자신감 있게 만들어 주었다. 지금도 나는 사회가 만들어내는 잡음에 흔들리지 않고 원칙을 지키며 살아가고 있다. 그리고 그 과정에서 얻은 지혜와 경험을 사람들과 나누며, 누군가 자신의 길을 찾아가도록 도울 수 있어서 기쁘다. 이런 소소한 변화들이 모여 결국에는 좋은 조직문화를 만들고 더 나아가 활기찬 사회를 만들 수 있다고 나는 믿는다.

몸은 거짓말을 못 한다.
어제 운동했는지 게으름을 폈는지
우리 몸은 다 안다.
세월을 어떻게 맞이했는지,
고난을 이겨냈는지, 피하기에 급급했는지.

사람은 고쳐 쓰는 게 아니다

사람은 고쳐 쓸 수 없다.

우리는 각자 다른 본성을 가지고 태어나며, 이는 마치 돌이 물이 될 수 없듯 쉽게 바뀌지 않는다.

결이 다른 사람과의 관계는 반대로 흐르는 강물처럼 결국은 충돌할 수밖에 없다.

우리의 에너지를 고갈시키고 마음의 평화를 빼앗는다.

우리는 우리 자신을 지켜야 한다.

나와 맞지 않는 사람들과의 관계를 억지로 유지하지 말자.

나를 그대로 이해하고 존중해주는 사람들과 함께하자.

그것이 훨씬 더 건강하고 행복한 삶을 살 수 있는 길이다.

모든 사람과 잘 지낼 필요가 없다. 모든 사람에게 좋은 사람이 될 필요도 없다.

28

관계 속에서 중심 잡기

어린 시절 스스로 집 밖으로 나가 놀 수 있게 된 무렵부터, 나는 항상 동네 형들과 친구들을 따라다녔다고 한다. 형들이 나를 따돌리려 애써도, 나는 꿋꿋하게 하루 종일 그들 뒤를 졸졸 쫓아다녔다. 어쩌면 형들에게 나는 몸도 생각도 아직 덜 자란 아이에 불과했을 테니, 그들에게는 내가 그저 귀찮은 존재였을지도 모른다. 하지만 나는 포기하지 않았고 결국 형들은 나를 받아주었다. 홍천의 어느 시골 마을에서, 내 유일한 즐거움은 형들과 함께 노는 것이었다. 국민학교에 들어가고 학년 체계에 익숙해지면서, 자연스럽게 형들을 따라다니던 기억은 희미해졌다. 국민학교 5학년 때 아버지를

나이들수록
매달려야 하는 것들

따라 해외로 나간 후, 여러 나라를 돌아다니며 친구들을 사귀었지만 형들과의 인연은 그다지 이어지지 않았다. 그런데 한국에서 대학을 다니기 시작하면서 형들과의 인연이 다시 시작되었다. 회사생활을 할 때에도 나는 입사 동기들보다 선배들과 어울리는 것을 더 좋아했다. 이상하게도 선배들 역시 나를 좋아하고 챙겨주었다. 형과 선배들은 언제나 내게 믿음직하고 따뜻한 존재였다.

대학 때도 그랬고 사업에 실패하기 전까지 나는 매우 반항적인 성격을 숨기지 못하는 사람이었다. 특히 대학 때 공부는 뒷전이었고, 학교 앞 술집에서 종종 싸움에 휘말리기도 했다. 내게 마지막 싸움이 된 사건은 신촌 거리에서였다. 나로 인해 벌어진 시비가 결국 싸움으로 끝나지 않고, '동네 깡패'들에게 일방적으로 구타당하게 됐다. 우리 일행 8명은 시비가 걸리자 몰려온 상대편들의 범상치 않음을 느끼고 모조리 흩어져 사라졌다. 나만 여러 명에게 일방적으로 '교육'을 받았다. 시간이 지독히 길게 느껴졌고, 겨우 정신이 들었을 때 친구 2명이 돌아와 나를 챙겨주면서 사건이 마무리됐다. 내가 대학 신입생 때부터 믿고 따르던 형은 그 자리에 없었다. 얼마 후에 그 형은 미안하다는 손편지와 함께 자신의 상황을 설명했지만, 형에 대한 내 마음은 이미 달라져 있었다.

첫 직장에서도 형을 믿고 따르는 내 성향은 여전했다. 신입사원 연수원 때 3수를 하고 늦게 입사한 형이 있었는데, 나는 그 형이 좋았고 자연스럽게 따라다녔다. 대학 시절에 따랐던 형과 닮은 점이 많았다. 덩치 좋고 남자답게 생긴 외모, 술도 잘 마시고, 노래도 잘 부르며, 싸움도 잘한다는 점이 놀랍도록 비슷했다. 밥을 먹을 때도 술을 마실 때도 그 형과 자주 어울리게 되었다. 그런데 신입사원 연수가 끝날 무렵, 그 형이 나를 조용히 불러 "부담스럽다"고 조심스럽게 말했다. 당황스러운 마음을 감추고 아무렇지 않은 척하며, 형의 뜻을 받아들였다. 다행인 것은 내가 집착하는 성격이 아니었기에, 금방 잊고 내 생활을 이어갈 수 있었다는 것이다.

연수가 끝나고 나는 본사 미주 영업마케팅팀에, 그 형은 중국어 실력이 인정되어 본사 중국 영업마케팅팀에 배정되었다. 그런데 얼마 후 조직 개편이 있었고, 나는 아시아팀으로 배정되어 그 형과 같은 팀에서 일하게 되었다. 가까이에서 함께 일하면서 그 형에 대해 좋았던 인상은 순식간에 깨져버렸다. 형의 중국어 실력은 업무에 활용되기에는 턱없이 부족했고, 숙취로 인해 지각이 잦았으며, 업무태만으로 상사에게 혼나는 일이 다반사였다. 오히려 입사 동기인 내가 그 형을 챙겨야 하는 상황이 되었다. 그리고 얼마 후, 더 이상 회사생활을 버티기 힘들었는지, 일본식 술집을 열겠다는 말을 남기고 회사를 떠났다.

살면서 만났던 형들과의 기억이 모두 좋지 않았던 것은 아니다. 첫 직장에서 지점과 본사를 오가며 훌륭한 선배들 덕분에 많은 업무 지식과 업계 정보를 접할 수 있었고, 그 덕분에 퇴사 후 독일계 물류회사에 취직해 고속승진할 수 있는 발판을 얻었다. 또한 후배와 부하직원들을 어떻게 대해야 하는지에 대한 안목도 기를 수 있었다.

형이라는 존재는 여전히 나에게 좋은 향기로 다가온다. 형이 다 좋을 수는 없다는 것을 알면서도 나는 여전히 형이라는 추상적인 존재를 갈망하고 있다. 내가 보고 배울 수 있고, 믿고 따를 수 있으며, 길을 앞에서 밝혀줄 그런 존재를 말이다. 하지만 나는 안다. 세상에 그렇게 완벽하게 빛나는 존재는 없다는 것을.

요즘은 내가 나 자신에게 그런 존재가 되어야 한다는 생각마저 든다. 내 빛나는 꿈과 열정이 주저하고 망설이고 있는 또 다른 나를 향해 밝은 빛을 비추고 이끌고 나가야 하지 않을까? 돌이켜보면, 내 모든 시련과 고비는 내가 온전히 버텨내며 스스로 극복해냈던 것으로 기억한다. 어찌 보면 내가 나에게 형이 되어주는 것이 당연한 것 아닌가 싶다. 물론, 아직도 나는 형과 같은 존재, 내가 보고 닮고 싶은 대상을 찾고 갈망하는 버릇은 여전하다. 그래서 나는 항상 두리번거린다. 다행인 것은 요즘에는 개인적으로 관계를 맺지 않고도 팟캐스트나 소셜미디어 등을 통해 훌륭한 형님들을 손쉽게 만날 수 있다. 나는 이 기회를 절대 놓치지 않는다. 하나하나 찾아보고 심취해보고 많은 영감을 얻고, 보지 못했던 길을 보고 또 걸어 본다. 그리고 나 역시 누구인지 모를 누구에게 훌륭한 형이 되고자 오늘도 내 몸을 갈고 닦는다.

50대가 되기 전에는 몰랐던 것

50대가 되기 전에는 몰랐다.

내가 돋보기 안경을 끼게 될 줄, 내가 깜빡깜빡하는 게 생길 줄, 분명 노화는 불가역적인데 막상 몸으로 다가오니 느껴지더라.

이때 우리의 선택이 삶을 바꾼다.

늙음을 핑계로 포기하고 노쇠하기.

아니면 용기 있게 마주하며 잘 늙기.

당연히 후자를 택해야 한다.

나이가 먹었다는 것은 노력하지 않은 자신을 정당화하는 편리한 구실거리가 되기 쉽다.

나 자신의 존엄을 스스로 지키는 노력 없이는 늙음의 위기가 온다.

그래서 나는 몸을 지킬 거다.

조바심 내지 않고, 겁내지 않고.

나이 듦이라는 낯선 시간 속으로 흘러들어가 느긋하게 나를 지킬 거다.

수동적으로 감수하는 인생 말고, 스스로 선택하는 운명을 살아
가자.

의지와 상관없는 일이 엄습해도 어떻게 맞설지는 내가 고르자.

늙음이 행불행을 결정하게 두지 말자.

건강한 몸과 마음으로 인생을 지켜내자.

돋보기 끼고 깜빡거리는 50대인 나.

이런 내가 매일 하는 노력들은 절대 나를 배신하지 않는다.

당신의 삶을 지키길 응원한다.

29   욕구와 현실 사이 중심 잡기

우리 부모님은 두 분 다 시력이 좋으셔서, 노년이 되어서
야 돋보기 안경을 사용했다. 평소에는 안경 없이도 운전을
포함한 모든 일상생활을 문제없이 하셨고, 나도 대학교 2학
년 때까지는 안경을 사용하지 않았지만 눈이 급격히 나빠져
서 지금까지 안경을 쓰고 있다. 운동할 때 땀이 나거나 겨울
이면 김이 서릴 때 안경이 불편했지만, 일상생활이나 업무를
볼 때에는 큰 불편함을 느끼지 않았다. 그런데 퇴사하고 나
이가 오십이 되어갈 무렵, 가까이 있는 물체가 흐릿하게 보
이기 시작했다. 맞다, 노안이 나에게도 찾아온 거다. 그 충격
은 꽤 컸고, 처음에는 받아들이기 싫었다. 책을 읽을 때, 관

공서에서 서류를 작성할 때, 스마트폰을 볼 때마다 눈을 자꾸 찡그리거나, 안경을 벗어 이마에 올려놓는 버릇이 생기기 시작했다. 나도 이제 전형적인 중장년층의 모습이 된 거다. 특히 설명서를 보면서 가구나 장비를 조립할 때면, 안경을 끼었다 벗었다 하다 보면 어지러워져서 아무 일도 못하곤 했다. 그럴 때면 잠시 눈을 감고 쉬어가야 했고, 어떤 경우에는 어지러움과 그때의 답답한 상황에 대한 분노를 참지 못해 중도에 그만두기도 했다.

이런 일이 자주 발생하자 아내는 돋보기나 다초점 렌즈 안경을 착용하라고 권했다. 그런데 그 얘기를 들을 때마다 자존심이 상했다. 다초점 렌즈는 내 생활과 운동 패턴에 맞지 않을 거라 생각했고, 돋보기 안경을 들고 다니며 안경 두 개를 번갈아 껴야 하는 것도 번거롭게 느껴졌다. 그래서 그냥 그 상황을 부정해버렸다. 당시 나는 물구나무서기를 활용한 다양한 고난도 수련을 매일 하고 있었는데, 머리에 풍부한 혈액순환이 이뤄져 노안 방지에 긍정적인 역할을 할 것이라 스스로 위안했다.

하지만 돋보기 안경을 거부할수록 내 표정과 주름살이 바뀌기 시작했다. 나름 편안해 보이는 무표정의 얼굴이 점점 인상을 쓰는 노안으로 변해가고 있는 것을 비로소 깨달았다. 결국 아내의 손에 이끌려 안경 가게로 가게 되었고 내 생애 첫 돋보기 안경을 구입하게 되었다. 그리고 돋보기 안경을 놓고 다니는 일이 자주 생기다 보니, 2개를 더 구입해서 내가 머무는 곳에 하나씩 가져도 놓기까지 했다. 돋보기 안경을 쓰게 되니 예전보다 훨씬 편안한 표정을 짓게 되었다. 어지러움이나 얼굴을 찡그리는 일도 상당히 줄어들었다. 현실을 받아들이기까지 많은 고집을 부렸지만, 이제는 받아들이고 살기로 했다. 앞으로 다가올 또 다른 현실을 편안한 마음으로 대할 자신이 있다고 장담할 수는 없다. 하지만 조금 더 현명하고 지혜롭게 받아들이기 위해 노력하는 것 말고는 방법이 없다.

아직도 안경이 불편하다는 생각을 많이 한다. 그래서 얼마 전에는 다초점 렌즈를 각막에 삽입하는 수술을 겸해 녹내장과 백내장 검사를 하러 안과를 방문했다. 안경을 쓰지 않아도 되는 편리한 삶을 살아보고 싶었다. 운동할 때 땀에 젖어 흘러내리는 안경이 싫었고, 멋있는 선글라스를 구입하면 안경점을 가지 않아도 바로 착용하고 싶었다. 그러나 내 희망은 희망으로 그칠 수밖에 없었다. 다행인 것은 나의 각막은 매우 깨끗하고 건강하다는 점인데, 불행히도 각막에 삽입 부위가 얇아서 수술이 불가능하다는 것이다. 하지만 녹내장 이나 백내장 수술이 필요하지 않은 너무나 건강한 상태라고 했다. 그리고 시력에 센서 역할을 하는 부위가 20대의 평균 치보다 훨씬 좋다고 의사 선생님이 칭찬하셨다.

우리는 살다 보면, 어쩔 수 없이 받아들여야 하는 것들을 만나게 된다. 특히 세월이 주는 것들은 피할 수 없는 것 투성 이다. 무엇이 언제 나에게 다가올지 알 수 없다. 받아들일 것 은 받아들이되 한 가지는 하지 말자. 절대 포기하는 것을 받 아들이지는 말자. 주어진 인생을 지혜롭게 헤쳐나가리라 내 자신과 다시 한번 약속한다.

나이가 들어갈수록 해야 할 것

평균 수명 100세 시대.

앞으로 남은 30~40년의 시간

공허와 허무는 우리를 흔든다.

가장 먼저 몸의 중심을 잡아야 한다.

몸통의 중심 힘도 키우고, 날 움직여줄 다리 중심도 잡는다.

너무 꼿꼿해 부러지지 않도록 중심의 유연함도 키운다.

이리저리 삶을 흔드는 것들로 힘없이 넘어지지 않도록 중심을

잡고 툭툭 털어낸다.

중심 잡기를 못하면 삶이 흔들린다.

가장 '나'라고 인식할 수 있는 몸의 중심 잡기를 해보자.

잡음 속 중심 잡기

주변에 들리는 소리가 많으면 많을수록 쉽게 흔들리게 된다. 사람마다 다소 차이는 있겠지만 '술에는 장사 없다'는 말처럼, '주변 소리'에도 장사가 없다. 안타깝게도 연예인들 중 소셜미디어 댓글로 인해 괴로움을 겪다가 극단적인 결정을 하는 사례를 종종 접한다. 내가 예전에 알고 지내던 유명인 사는 자신에 대한 악플에 대해 이런 대답을 했던 기억이 난다. "저는 그런 댓글을 보아도 아무렇지도 않아요"라고. 강한 멘탈과 피지컬이 요구되는 분야에 종사해서 그렇게 자기 관리를 한 것으로 보이지만, 결과적으로 부정적인 댓글은 당사자에게 어떠한 형태로든 영향을 주게 된다고 믿는다. 직접

적이고 즉각적인 영향이 아니더라도 적어도 사고와 행동 패턴에 영향을 미친다. 어떤 형태로든 자신이 걸어가는 길에서 벗어난 다른 길로 가게 하는 결과를 맞을 수 밖에 없다. 마치 누군가가 슬쩍 기차의 선로전환기를 만져놓았을 뿐인데 서서히 풍경이 바뀌더니 걷잡을 수 없게 어딘가로 가버리게 되는 것처럼 말이다.

내가 젊었을 때 친구들과 자주 어울리며 지내던 시기에 내린 수많은 의사결정 중에 얼마나 많은 것이 주변의 영향 없이 순수하게 내 스스로의 생각만으로 내린 결정일까? 아마도 없거나 매우 적었을 것이다. 특히 친구들과 많이 그리고 자주 어울렸다면 더욱 그럴 것이다. 당시에는 재미있고 흥미로운 삶을 살았더라도 진정 내가 오롯이 살아가고자 하는 방향으로 살아졌을 가능성은 매우 낮다. 삶이라는 선로 위에서 달리다 보면 나에게 던지는 문제들을 헤쳐나가며 떨어지지 않으려 안간힘을 쓴다. 그리고 합승한 여러 사람들의 이런저런 이야기는 선로를 바꾸거나 아예 기차를 갈아타는 일까지 발생시킨다.

나는 고집이 센 편이다. 생각난 게 있으면 꼭 해봐야 하는 성향은 어렸을 때부터 지금까지 조금도 사그라들지 않았다.

그런 나지만, 귀가 얇지 않다고 자신할 수 없다. 겉으로는 아닌 척을 하지만 누가 무심코 던진 말에 반응하는 자신을 자주 마주하기 때문이다. 그래서 나는 주변에 영향을 쉽게 받을 수 있다는 사실을 인정하고 있다. 그리고 대신, 주변환경을 잘 관찰하면 어떠한 환경에 나 자신을 두어야 하는지 또는 피해야 하는지 보이기 시작한다. 이렇게 내 자신을 있는 그대로 인정하는 것이야말로 살면서 내릴 수 있는 가장 지혜로운 선택의 시작일 것이다.

예전에 회사를 다닐 때의 일이다. 나는 독일제 쿠페 컨버터블을 타고 출퇴근을 했다. 날씨가 좋을 때면 뚜껑을 열고 다녔고, 주말이면 한겨울에도 따뜻한 히터를 틀고 고속도로를 질주했다. 요즘은 컨버터블이 길거리에 많이 보이지만 그 당시에는 흔하지 않은 모습이어서 주변의 주목을 많이 받았다. 솔직히 우쭐해지는 기분도 받았다. 좀 잘나가는 느낌을 받는 것이 나쁘지 않았다. 하지만 청담동 일대를 나가보게 되면 그 우쭐함은 자연스럽게 없어진다. 내가 가진 것에 대한 감사한 마음까지도 빼앗아 간다. 만족함에서 부족함으로 생각이 바뀐다. 과연 나만 그런 것일까? 물론, 경쟁의 한복판에서 생생한 자극을 받으며 성장을 거듭하고픈 욕구도 있다. 하지만, 내 한켠에는 안정감을 찾고 부족함 없이 감사한 마음으로 살고픈 바람도 공존한다. 모든 것에는 과함이 독이 될 수 있다. 그래서 중심 잡기를 해야 한다.

나의 중심 잡는 비결은 간단하다. 삶의 단순화에 있다. 나의 삶 대부분은 수련, 지도, 식사, 휴식, 수면이다. 이외에는 큰 변수가 없다. 물론 남보다 정보가 조금은 느리고, 알지 못하는 세상 이야기도 많을 것이다. 사회적 트렌드를 몰라 손해보는 것도 있을 것이다. 하지만 내가 모르니 손해의 여부는 내 사전에 존재하지 않는다. 심지어 긴 해외여행도 그다지 즐기지 않는다. 오히려 매일 행하는 도전적인 수련을 통해 새로운 세계를 맛보는 것이 더 흥미롭고 값지기 때문이다. 옛 친구들을 연락해 만나는 일도 없다. 만나봐야 대화의 공통점도 없고 친구들이 왕년에 잘난 이야기들은 이제 지루하다. 꾸준히 연락하는 친지 또는 후배들은 내가 어떠한 삶을 살고 있는지 잘 알고 있고, 오히려 진지하지만 순박한 이야기로 서로의 안부를 전한다.

친구를 자주 만나고, 이런저런 모임에 참석해 이야기를 나누는 시간이 많아지면 질수록 우리는 다른 사람들의 삶을 간접적으로 접하게 되면서, 내가 없거나 부족한 부분을 알게

되고 이로 인해 심적으로 피폐해진다. 따라서 무엇을 사게 되고 하게 되는 것이다. 주변의 자극이 자기를 성장하는 데 도움이 되는 경우도 있지만, 좋은 자극인지 나쁜 자극인지는 구분해야 한다. 나는 사회와의 단절이 심화되지 않도록 오히려 신경을 써야 하는 입장이다. 하지만 사회생활을 하는 대부분의 사람들이라면 나와 반대의 방향으로 가려 하는 연습이 필요하지 않을까.

누가 내 인생을 대신 살아주지도 책임져주지도 않는다. 특히 50대들은 주변 사람들의 눈치를 정말 많이 본다. 거기에 체면도 지켜야 한다. 그런데 왜 그렇게 타인의 눈치를 보고 체면에 목숨을 거는 것일까? 내가 부족함에 시달리지 않고 온전해야 주변을 잘 돌볼 수 있는 여유와 힘이 생긴다. 자신을 먼저 제대로 돌볼 수 있는 사람만이 몸과 마음이 건강해질 수 있다. 그래야 주변을 살피고 돌볼 여유와 여력이 생긴다. 이런 여유가 생길 때 비로소 내 언행에 하나하나 힘이 실리고 긍정적인 영향을 줄 수 있게 된다.

눈 감고 한 다리 서기

○- 눈 감고 한 다리 서기를 해야 하는 이유

+ 몸을 잘 사용하는 능력을 배양하는 과정은 뇌에 큰 자극을 이끌어낸다. 뇌는 암기, 정보 처리, 깊은 사고, 합리적인 의사판단, 상상력 및 창의력 등의 기능을 하지만, 신체를 제어하는 역할도 한다. 특히, 나이가 들면서 운동제어 능력은 나머지 능력과 함께 감소하는데, 운동제어 능력의 감소는 큰 부상으로 이어질 수 있으며, 움직임의 제한은 삶에 대한 자신감에도 큰 영향을 미친다. 따라서 세밀하고 섬세한 운동제어 능력에 관심을 가지고 훈련을 꼭 해야 한다.

+ 걸을 때 발과 발가락을 잘 사용하며, 엉덩이 근육을 사용해 다리를 쭉 펴는 연습을 하자는 설명을 '걷기'에서 언급한 것을 기억할 것이다. 무작정 걸으면서 연습하는 것도 좋지만 정적인 자세로 기초를 다질 경우 더 좋은 결과를 볼 수 있다.

+ 발가락, 발, 다리 그리고 엉덩이를 잘 활용하는 별도의 연습을 서 있는 상태에서 해보자. 그렇게 해서 잘 서고 그리고 잘 걷는 연습을 통해 몸 전체를 조화롭게 활용하여 좋은 자세로 서고 좋은 자세로 걷는 방법을 배워나가는 것이다.

○- 눈 감고 한 다리 서기 방법

+ 보폭은 발 하나 들어가는 정도로 벌리고, 가만히 선 상태에서 눈을 감는다. 골반은 말아(후방경사) 엉덩이에 힘을 주고, 다리는 편 상태를 만들자. 다리를 펴겠다고 과도한 빽니(Knee Hyper Extention)를 만들지 말자.

+ 그 다음은 발에 실리는 체중에 신경을 써야 한다. 흔히 뒤꿈치나 발 바깥 부분에 체중을 싣기 마련이다. 엄지발가락의 뿌리로 바닥을 눌러 체중이 발 앞부분에 실리도록 하며, 발가락은 각자의 방향으로 뻗어나가도록 하여 발가락의 개입을 용이하게 해야 한다. 그리고 체중을 한쪽으로 서서히 이동하여 한쪽 발이 바닥에서 떨어지도록 하자.

+ 이때, 골반 등 몸통 전체의 자세가 매우 중요하다. 한쪽으로 체중이동이 이뤄질 때 골반을 들어 올리거나 반대로 처지게 하지 않고 골반의 각도를 그대로 유지해야 한다. 마치 몸 전체와 골반이 십자(+)의 모양이라면, 체중을 한 발로 옮길 때 십자는 그 각도(90도)를 그대로 유지한 채 옆으로 기울어져야 한다.

+ 눈을 감은 상태에서 한 발로 균형을 잡으려 하다 보면 균형을 쉽게 잃을 것이다. 이때 들고 있던 발을 내려두는 등의 즉각적인 해결책을 주지 말자. 균형을 잡기 위해 온갖 노력을 할 수 있도록 기회를 줘야 한다.

+ 각각에 다리를 1분씩 교차하여 3세트를 해보자. 중간 휴식은 없다. 하루 6분의 투자면 충분하다.

눈 감고 한 다리 서기
*다음의 QR코드를 접속하시면 운동 지도 영상을 볼 수 있습니다.

나이들수록 매달려야 하는 것들

초판 1쇄 2025년 3월 4일

지은이 김희재
펴낸이 허연
편집장 유승현

편집1팀 김민보 장아름 장현송
편집2팀 정혜재 이예슬
마케팅 한동우 박소라 구민지
경영지원 김민화 김정희 오나리
디자인 김보현 한사랑

펴낸곳 매경출판㈜
등록 2003년 4월 24일(No. 2-3759)
주소 (04557) 서울시 중구 충무로 2(필동1가) 매일경제 별관 2층 매경출판㈜
홈페이지 www.mkpublish.com 스마트스토어 smartstore.naver.com/mkpublish
페이스북 @maekyungpublishing 인스타그램 @mkpublishing
전화 02)2000-2630(기획편집) 02)2000-2646(마케팅) 02)2000-2606(구입 문의)
팩스 02)2000-2609 이메일 publish@mkpublish.co.kr
인쇄·제본 ㈜M-print 031)8071-0961
ISBN 979-11-6484-755-6(03190)